MW00882711

PUBLISHER: JUAN M. VARGAS AND LILIANA ZAMBRANO. VZ SERVICES
AVP/DIRECTOR OF PRODUCTION AND MANUFACTURING: JUAN M. VARGAS
EXECUTIVE MANAGING EDITOR: JUAN M. VARGAS
COVER & INTERIOR DESIGN: LILIANA ZAMBRANO
ILLUSTRATOR: ANITA ZAMBRANO
PHOTOGRAPHY: MOMENTUM PHOTOGRAPHY

WWW.DIVEINTOSPANISH.COM

STUDENTS, EDUCATORS AND LIBRARIANS, VISIT US AT
WWW.DIVEINTOSPANISH.COM FOR MORE EDUCATIONAL RESOURCES.

THIS BOOK IS DEDICATED TO ALL THE PEOPLE WHO HAVE CHOSEN TO LEARN SPANISH. IT IS INTENDED TO BE A STARTING POINT THAT WILL MOTIVATE YOU TO SPEAK, TO UNDERSTAND THE LANGUAGE AND TO CREATE HARMONIOUS RELATIONSHIPS WITH SPANISH SPEAKERS. EVERYTHING IN LIFE IS A PROCESS IN WHICH WE REACH OUR GOALS, STEP BY STEP, AND THIS IS YOUR FIRST STEP.

"FOCUS ON THE FACT THAT YOU ARE COMMITTED TO LEARN. REAL MIRACLES WILL HAPPEN."

LOUISE HAY

I THANK ALL OF MY STUDENTS WHO HELPED ME TO WRITE THIS BOOK, MY HUSBAND JOTA, MY FAMILY AND ESPECIALLY, MY SISTER ANITA. I ALSO WANT TO THANK MY COWORKERS, MY FRIENDS HARRY, HILDE, SUZI AND ALL OF MY OTHER FRIENDS. I THANK YOUR COLLABORATION, SUPPORT AND IDEAS IN DEVELOPING THIS PROJECT.

ESTE LIBRO LO DEDICO A TODAS LAS PERSONAS QUE ESTÁN DECIDIDAS A HABLAR ESPAÑOL. ES UN COMIENZO PARA MOTIVARTE EN TU DECISIÓN DE HABLAR, ENTENDER EL IDIOMA Y CREAR RELACIONES ARMONIOSAS CON HISPANO HABLANTES. TODO EN LA VIDA ES UN PROCESO EN EL QUE PASO A PASO LOGRAMOS NUESTROS OBJETIVOS Y ÉSTE ES TU PRIMER PASO.

"CONCÉNTRATE EN EL HECHO DE QUE ESTÁS DISPUESTO A APRENDER. SUCEDERÁN VERDADEROS MILAGROS."

LOUISE HAY

AGRADEZCO A TODOS MIS ESTUDIANTES QUE ME IMPULSARON A ESCRIBIR ESTE LIBRO. A MI ESPOSO JOTA, A MI FAMILIA Y EN ESPECIAL A MI HERMANA ANITA, A MIS COMPAÑEROS DE TRABAJO, A HARRY, A HILDE, A SUZI Y A MIS OTROS AMIGOS, POR TODA LA COLABORACIÓN E IDEAS PARA DESARROLLAR ESTE PROYECTO.

About the Author
Acerca de la autora

Liliana Zambrano was born in Pasto, Colombia and graduated as a psychologist from the University of Los Andes, Bogota specializing in market research. She has lived in Miami Beach for 12 years and has dedicated herself to teaching Spanish. Through this experience she has been able to understand many students' needs in their search to speak this beautiful language. This book was born to solve the needs of beginners for a simple guide to pronunciation and basic vocabulary. It will motivate the student to persist in achieving the goal of speaking in Spanish and to interact with the Spanish-speaking community.

Liliana Zambrano nació en Pasto, Colombia, se graduó como psicóloga en La Universidad de Los Andes, Bogotá, Colombia y se especializó en investigación de mercados. Desde hace 12 años vive en Miami Beach, Estados Unidos, donde se ha dedicado a enseñar español a personas adultas. A través de esta experiencia ha entendido muchas de las necesidades de un estudiante que quiere hablar español. Este libro surgió de la necesidad de los principiantes de tener una guía sencilla de pronunciación y vocabulario práctico, que lo motive a persistir en la meta de hablar español y de entender a los hispano hablantes.

TABLE OF CONTENTS: ÍNDICE

1. GUÍA DE PRONUNCIACIÓN
GUIDE TO PRONUNCIATION

WORDS IN SPANISH ARE PRONOUNCED BY ADDING TOGETHER THE SOUNDS OF EACH INDIVIDUAL LETTER.

VOCALES ABIERTAS Y CERRADAS
OPEN AND CLOSED VOWELS

- EACH VOWEL HAS ONLY ONE INDIVIDUAL SOUND.
- KEEP YOUR MOUTH OPEN WHEN THE VOWEL IS OPEN.
- KEEP YOUR MOUTH CLOSED WHEN THE VOWEL IS CLOSED.
- KEEP THE VOWEL SOUNDS SHORT AND CLEAR AND FOLLOW THE MOUTH MODEL.

VOCALES ABIERTAS	a	e	o	
VOCALES CERRADAS			I	U

CONSONANTES - CONSONANTS

B V THE LETTERS B AND V HAVE THE SAME SOUND IN SPANISH AND BOTH LETTERS SOUND LIKE THE ENGLISH B. THE SOUND OF ENGLISH V DOES NOT EXIST IN SPANISH.

VACA (COW)   BEBO (I DRINK)   VIVO (I LIVE)

H THE LETTER H IS ALWAYS SILENT: HOTEL, EXCEPT WHEN C IS IN FRONT OF IT. THEN IT BECOMES CH AND IT SOUNDS EXACTLY AS IN ENGLISH, FOR EXAMPLE: CHINA (CHINA)

C Q THE LETTER K IS AN ENGLISH LETTER AND IT HARDLY EXISTS IN SPANISH, TO OBTAIN THIS SOUND WE USE LETTERS C AND QU, LIKE THIS:

CA – QUE – QUI – CO - CU
CASA (HOUSE)   QUESO (CHEESE)   QUIÉN (WHO)   COCO (COCONUT)   CUÁNDO (WHEN)

THE SYLLABLES CE AND CI SOUND LIKE S IN ENGLISH, FOR EXAMPLE: SELL,

CEJA (EYEBROW)   CIELO (SKY)

1. GUÍA DE PRONUCIACIÓN
GUIDE TO PRONUNCIATION

CONSONANTES - CONSONANTS

LL
Y
THE LETTER LL AND Y HAVE THE SAME SOUND IN SPANISH. THEY BOTH SOUND LIKE THE ENGLISH J IN THE WORD JOB. FOR EXAMPLE:

LLAVE (KEY)   YATE (YACHT)   POLLO (CHICKEN)   YO (I)

WHEN Y IS BY ITSELF OR WITH NO VOWELS AFTER, IT SOUNDS LIKE THE VOWEL I IN SPANISH. FOR EXAMPLE: Y (AND)   SOY (I AM)

G
THE SPANISH LETTER G CAN BE PRONOUNCED IN TWO WAYS, AS THE ENGLISH H WHEN IT'S IN FRONT OF E OR I. FOR EXAMPLE: GENES (GENES) GIRASOL (SUNFLOWER) OTHERWISE AS THE ENGLISH G, AS IN THE WORD GLASS.

WHEN G IS IN FRONT OF UE AND UI, THE U IS SILENT, AND ONLY THERE TO KEEP THE SOUND OF THE ENGLISH G. EXAMPLES:

GATO (CAT) PAGUÉ (I PAID) GUITARRA (GUITAR) GOTA (DROP) AGUA (WATER)

THE EXCEPTION TO THE ABOVE IS WHEN THE LETTER Ü IS WRITTEN WITH TWO DOTS ABOVE (DIÉRESIS), THEN THE U IS NOT SILENT. FOR EXAMPLE:

PINGÜINO (PENGUIN). VERGÜENZA (SHAME)

J
LETTER J IS PRONOUNCED LIKE ENGLISH H. FOR EXAMPLE:

JAMÁS (NEVER)   JIRAFA (GIRAFFE)   OJO (EYE)   JUNTO (TOGETHER)

Ñ
THE LETTER Ñ IS A SPANISH LETTER WHOSE SOUND IS LIKE THE NY IN CANYON.
MAÑANA (TOMORROW)   COMPAÑERO (FELLOW/MATE)   CAÑÓN (CANYON)

S
Z
THESE TWO LETTERS ARE PRONOUNCED LIKE THE ENGLISH S. FOR EXAMPLE:
SAPO (TOAD)   ZAPATO (SHOE)

NOTA:
THE MEANING IN THE WORD MAÑANA CHANGES TO "MORNING" WHEN IT HAS ARTICLES OR PRONOUNS BEFORE, AS: UNA, LA OR ESTA

NOTA CULTURAL:
CULTURAL NOTE:
PEOPLE IN SPAIN PRONOUNCE Z AND C LIKE THE TH SOUND HEARD IN THE ENGLISH WORD THINK

2. EL ACENTO EN ESPAÑOL
THE ACCENT IN SPANISH

LEYENDO EN ESPAÑOL
READING IN SPANISH

- EVERY WORD IN THE SPANISH LANGUAGE HAS AN ACCENT IN SOME PART OF THE WORD.

- THE ACCENT CONSISTS OF A STRESS IN A SYLLABLE, MAKING IT SOUND LOUDER THAN THE OTHERS.

- USUALLY, THE ACCENT GOES ON THE NEXT TO LAST SYLLABLE, FOR EXAMPLE:

MAdre	carTEro	MIsa	BOca	TUMba
MOTHER	MAILMAN	MASS	MOUTH	TOMB

- EXCEPTIONS:

    ✓ THE ACCENT GOES ON THE LAST SYLLABLE **WHEN THE WORD** ENDS IN THE FOLLOWING CONSONANTS:

    > D: universiDAD: University

    > L: paPEL: Paper

    > R: toMAR: To drink

    > Z: caPAZ: Capable

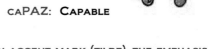

    ✓ IF THE WORD HAS AN ACCENT MARK (TILDE), THE EMPHASIS GOES ON THE SYLLABLE WITH THE ACCENT MARK (TILDE). FOR EXAMPLE:

    coraZÓN
    HEART

3. !HACIENDO AMIGOS!
MAKING FRIENDS!

UNA CONVERSACIÓN FÁCIL   **AN EASY CONVERSATION**

EN ESTA SECCIÓN TÚ APRENDERÁS LAS PREGUNTAS Y RESPUESTAS SENCILLAS Y BÁSICAS PARA HACER AMIGOS. IN THIS SECTION YOU WILL LEARN BASIC AND EASY QUESTIONS AND ANSWERS TO MAKE FRIENDS.

PARA SABER: TO KNOW:

1. EL <u>NOMBRE</u> Y <u>APELLIDO</u> DE ALGUIEN: **SOMEBODY'S FIRST AND LAST NAME**

¿CÓMO TE LLAMAS? ME LLAMO.............. ¿CUÁL ES TU APELLIDO? MI APELLIDO ES ....
*(HOW DO YOU CALL YOURSELF? I CALL MYSELF)
WHAT IS YOUR NAME? MY NAME IS...... WHAT IS YOUR LAST NAME? MY LAST NAME IS.........

---

2. LA <u>NACIONALIDAD</u> DE ALGUNA PERSONA: **SOMEBODY'S NATIONALITY**

¿DE DÓNDE ERES TÚ? YO SOY DE .....(PAÍS) YO SOY.. .....(NACIONALIDAD)
*(FROM WHERE ARE YOU?)
WHERE ARE YOU FROM? I AM FROM....(COUNTRY) I AM..............(NATIONALITY)

> LOOK AT THE COUNTRIES AND NATIONALITIES ON THE PAGE
> **79**

---

3. EL <u>ESTADO CIVIL</u> DE ALGUIEN: **SOMEBODY'S MARITAL STATUS**

¿ERES CASADO(A) O SOLTERO(A)? YO SOY ....
ARE YOU MARRIED OR SINGLE? I AM..................

THE END OF THE WORDS CASADO(A) AND SOLTERO(A) CHANGES ACCORDING TO THE GENDER OF THE PERSON WHO YOU ARE TALKING WITH. IF THE PERSON IS A WOMAN, USE THE LETTER "A" OTHERWISE USE "O".

---

4. LA <u>PROFESIÓN</u> O EL <u>TRABAJO</u> DE ALGUNA PERSONA: **SOMEBODY'S PROFESSION OR WORK**

¿EN QUÉ TRABAJAS? YO TRABAJO EN...................
*(IN WHAT DO YOU WORK?)
WHAT IS YOUR JOB? I WORK IN..............................

¿CUÁL ES TU OCUPACIÓN? YO SOY ....
WHAT IS YOUR OCCUPATION? I AM...

---

5. ¿POR QUÉ QUIERES HABLAR ESPAÑOL? **WHY DO YOU WANT TO SPEAK SPANISH?**
YO QUIERO HABLAR ESPAÑOL... **I WANT TO SPEAK SPANISH...**

A. POR AMOR CON UN LATINO O UNA LATINA O CON UN ESPAÑOL O ESPAÑOLA
FOR LOVE WITH A LATIN MAN OR WOMAN OR A SPANISH MAN OR WOMAN
B. POR TRABAJO O NEGOCIOS. FOR WORK OR BUSINESS.
C. PORQUE VIAJO A...... BECAUSE I TRAVEL TO....
D. PORQUE VIVO EN MIAMI Y MUCHAS PERSONAS HABLAN ESPAÑOL.
BECAUSE I LIVE IN MIAMI AND LOTS OF PEOPLE SPEAK SPANISH
E. POR DIVERSIÓN. FOR FUN

*(LITERAL MEANING)

4. SALUDOS Y DESPEDIDAS
GREETINGS AND FAREWELLS

SALUDOS GREETINGS		DESPEDIDAS FAREWELLS
HOLA HI HELLO	**PREGUNTAS** **QUESTIONS** • ¿CÓMO ESTÁS? HOW ARE YOU? • ¿CÓMO TE VA? • ¿QUÉ TAL? HOW IS IT GOING? • ¿CÓMO HAS ESTADO? HOW HAVE YOU BEEN?	
BUENOS DÍAS GOOD MORNING		• CHAO BYE • ADIÓS GOOD BYE • *HASTA LUEGO SEE YOU LATER • HASTA PRONTO SEE YOU SOON • HASTA MAÑANA SEE YOU TOMORROW • HASTA EL (DÍA) SEE YOU ON (DAY) • BUEN DÍA GOOD DAY • BUENAS NOCHES GOOD NIGHT
BUENAS TARDES GOOD AFTERNOON	**RESPUESTAS** **ANSWERS** • ESTOY MUY BIEN, GRACIAS I AM VERY WELL, THANK YOU • ESTOY BIEN, GRACIAS I AM WELL, THANK YOU • ESTOY MÁS O MENOS I AM OK • ESTOY MAL I AM BAD • ESTOY ENFERMO(A) I AM SICK	
BUENAS NOCHES GOOD EVENING		

*HASTA LITERALLY MEANS UNTIL

4. SALUDOS FORMALES E INFORMALES
FORMAL AND INFORMAL GREETINGS

NOTAS CULTURALES:
CULTURAL NOTES:

- IN SPANISH, GREETINGS DEPEND ON THE LEVEL OF FAMILIARITY BETWEEN THE SPEAKERS, SO YOU HAVE INFORMAL AND FORMAL GREETINGS.

- HOWEVER, MANY LATIN AMERICANS LIKE TO BOND INSTANTLY WITH THE PEOPLE THEY MEET, THEREFORE YOU CAN USE INFORMAL GREETINGS WITH THEM.

SI SALUDAS A UNA PERSONA....
IF YOU GREET ONE PERSON...

	FORMAL	INFORMAL
HOW ARE YOU?	¿CÓMO ESTÁ?	¿CÓMO ESTÁS?
HOW HAVE YOU BEEN?	¿CÓMO HA ESTADO?	¿CÓMO HAS ESTADO?

SI SALUDAS A UN GRUPO DE PERSONAS....
IF YOU GREET A GROUP OF PEOPLE...

	FORMAL	INFORMAL
HOW ARE YOU GUYS?	¿CÓMO ESTÁN?	¿CÓMO ESTÁIS?
HOW HAVE YOU BEEN GUYS?	¿CÓMO HAN ESTADO?	¿CÓMO HABÉIS ESTADO?

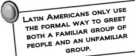

LATIN AMERICANS ONLY USE THE FORMAL WAY TO GREET BOTH A FAMILIAR GROUP OF PEOPLE AND AN UNFAMILIAR GROUP.

PEOPLE IN SPAIN USE THIS GREETING FOR A FAMILIAR GROUP OF PEOPLE.

PARA RECORDAR
TO REMEMBER

5. FRASES EN ESPAÑOL PARA TODOS LOS DÍAS
EVERYDAY SPANISH PHRASES

FRASES EN ESPAÑOL	ENGLISH PHRASES
Hola	Hello
Buenos días	Good morning
Buenas tardes	Good afternoon
Buenas noches	Good evening/Good night
¿Cómo estás?	How are you?
¿Qué tal?	How is it going?
Muy bien	Very well
Gracias	Thank you
¿Cómo te llamas?	What is your name?
Me llamo	My name is ......
Mucho gusto	It's nice to meet you
Por favor	Please
De nada/Con gusto	You are welcome
Sí	Yes
Perdóname	I'm sorry
Excúsame/Discúlpame	Excuse me
Permiso	Excuse me (to go through a crowd and to interrupt)
Chao	Bye
Adiós	Goodbye ("Go with God")
Hasta pronto	See you soon
Hasta mañana	See you tomorrow
Hasta luego	See you later
¿De dónde eres tú?	Where are you from?
Yo soy de	I am from ....

5. ¿CÓMO SE DICE?
HOW DO YOU SAY?

EJERCICIO:
RELACIONA CADA PREGUNTA CON LA RESPUESTA CORRESPONDIENTE.
MATCH EACH QUESTION WITH THE CORRESPONDING ANSWER.

A. ¿CÓMO SALUDAS CUANDO TÚ LLEGAS A TU CLASE DE ESPAÑOL POR LA MAÑANA? HOW DO YOU GREET SOMEONE WHEN YOU ARRIVE IN YOUR SPANISH CLASS IN THE MORNING?	1. ¿CÓMO TE LLAMAS?
B. ¿CÓMO DICES SI TÚ ENTRAS A UN SALÓN DE CLASE E INTERRUMPES LA CLASE? WHAT DO YOU SAY IF YOU GO INTO A CLASSROOM AND INTERRUPT THE CLASS?	2. HASTA MAÑANA
C. ¿CÓMO RESPONDES SI ALGUIEN DICE "GRACIAS"? HOW DO YOU ANSWER IF SOMEONE TELLS YOU "THANK YOU"?	3. MUCHO GUSTO
D. ¿CÓMO LE PREGUNTAS EL NOMBRE A ALGUNA PERSONA? HOW DO YOU ASK SOMEBODY'S NAME?	4. BUENAS TARDES
E. ¿CÓMO LE PREGUNTAS LA NACIONALIDAD A ALGUIEN? HOW DO YOU ASK SOMEBODY'S NATIONALITY?	5. DE NADA
F. ¿CÓMO DICES "IT IS NICE TO MEET YOU"? HOW DO YOU SAY . . . .?	6. BUENOS DÍAS
G. ¿QUÉ DICES CUANDO TÚ SALUDAS A TUS COMPAÑEROS DE CLASE A LAS 2 DE LA TARDE? WHAT DO YOU SAY WHEN YOU GREET YOUR CLASSMATES AT 2:00 IN THE AFTERNOON	7. PERDÓN
H. ¿CÓMO SALUDAS A LAS 9:00 DE LA NOCHE? HOW DO YOU GREET SOMEONE AT 9:00 IN THE EVENING?	8. PERMISO
I. DI TU NACIONALIDAD SAY YOUR NATIONALITY	9. EXCÚSAME, VOY AL BAÑO
J. PREGUNTA EN ESPAÑOL: HOW ARE YOU? ASK IN SPANISH:	10. ME LLAMO.....
K. DI EN ESPAÑOL: SEE YOU TOMORROW SAY IN SPANISH:	11. YO SOY DE.....
L. ¿CÓMO SE DICE EN ESPAÑOL: "EXCUSE ME. I AM GOING TO THE RESTROOM"? HOW DO YOU SAY IN SPANISH: . . . .?	12. ¿COMO ESTÁS?
M. ¿QUÉ DICES SI TÚ TE CHOCAS CON UNA PERSONA? WHAT DO YOU SAY IF YOU BUMP INTO A PERSON?	13. ¿DE DÓNDE ERES?
N. CÓMO SE DICE EN ESPAÑOL: MY NAME IS . . .. HOW DO YOU SAY IN SPANISH:	14. BUENAS NOCHES

6. EXPRESIONES COMUNES
COMMON EXPRESSIONS

"COOL"

THE WORD "COOL" IS TRANSLATED IN MANY DIFFERENT WAYS IN LATIN COUNTRIES. CHOOSE YOUR WORD ACCORDING TO WHERE YOU ARE GOING OR WHO YOU ARE VISITING.

IT'S "BÁRBARO" IN ARGENTINA, URUGUAY AND PARAGUAY, "CHÉVERE" IN VENEZUELA, COLOMBIA, ECUADOR, PERÚ, CUBA AND PUERTO RICO; "PURA VIDA" IN COSTA RICA AND "PADRE" IN MÉXICO.

ADD THE WORD "QUÉ" BEFORE THE EXPRESSION TO EXAGGERATE:

- "QUÉ BÁRBARO"
- "QUÉ CHÉVERE"
- "QUÉ PADRE"
- QUÉ DOESN'T WORK WITH "PURA VIDA"

THIS WORD "QUÉ" CAN BE USED TO EMPHASIZE ANOTHER KIND OF CHARACTERISTICS, SUCH AS:

- QUÉ LINDO: VERY BEAUTIFUL
- QUÉ FEO: VERY UGLY

"OK"

THERE ARE MANY WAYS TO SAY "OK" IN SPANISH. USE THE ONES YOU LIKE.

- "BUENO"   GOOD
- "BIEN"   WELL
- "DE ACUERDO"   I AGREE
- "LISTO"   READY
- "VALE"   OK

7. PRONOMBRES PERSONALES
SUBJECT PRONOUNS

○ Nota Cultural
Cultural Note
✓ Pronouns in Spanish are used in place of people or pets
but not in place of things.
✓ There is no subject pronoun "it" in Spanish.
✓ The Spanish language has formal and familiar "you" and "you" plural ("you guys"/all of you).

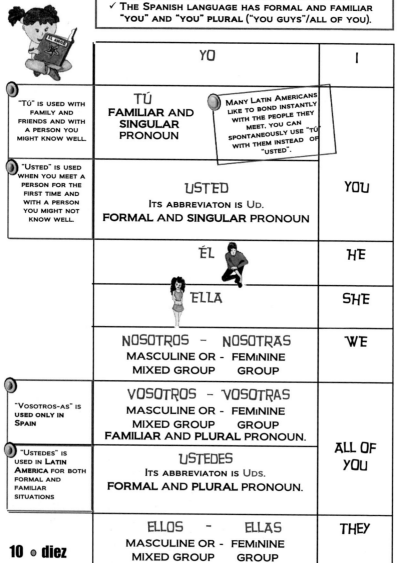

	YO	I
"Tú" is used with family and friends and with a person you might know well.	TÚ **FAMILIAR AND SINGULAR PRONOUN** — Many Latin Americans like to bond instantly with the people they meet, you can spontaneously use "tú" with them instead of "usted".	
"Usted" is used when you meet a person for the first time and with a person you might not know well.	USTED Its abbreviaton is Ud. **FORMAL AND SINGULAR PRONOUN**	YOU
	ÉL	HE
	ELLA	SHE
	NOSOTROS - NOSOTRAS **MASCULINE OR - FEMiNINE MIXED GROUP GROUP**	WE
"Vosotros-as" is used only in Spain	VOSOTROS - VOSOTRAS **MASCULINE OR - FEMiNINE MIXED GROUP GROUP FAMILIAR AND PLURAL PRONOUN.**	ALL OF YOU
"Ustedes" is used in Latin America for both formal and familiar situations	USTEDES Its abbreviaton is Uds. **FORMAL AND PLURAL PRONOUN.**	
	ELLOS - ELLAS **MASCULINE OR - FEMiNINE MIXED GROUP GROUP**	THEY

8. COMPARACIÓN DE LOS VERBOS SER Y ESTAR
COMPARISON OF "TO BE" VERBS: SER AND ESTAR.

SPANISH HAS TWO VERBS EQUIVALENT TO ENGLISH **TO BE**: SER AND ESTAR. EACH VERB HAS A DIFFERENT USE AND MEANING:

SER
CLASSIFIES AND DEFINES THE ESSENCE OF PEOPLE, ANIMALS AND THINGS.

Yo...............	SOY
Tú................	ERES
UD.-ÉL-ELLA..	ES
NOSOTROS-AS....	SOMOS
VOSOTROS-AS......	SOIS
ELLOS-ELLAS	SON
UDS...............	

ESTAR
EXPRESSES STATE OF BEING, SUCH AS MOOD, LOCATION AND SITUATION.

Yo................	ESTOY
Tú................	ESTÁS
UD.-ÉL-ELLA..	ESTÁ
NOSOTROS-AS....	ESTAMOS
VOSOTROS-AS......	ESTÁIS
ELLOS-ELLAS	
UDS................	ESTÁN

SER DEFINE. SER DEFINES:

1. CARACTERÍSTICAS FÍSICAS Y DE PERSONALIDAD DE LAS PERSONAS, ANIMALES Y COSAS. PHYSICAL ATTRIBUTES AND PERSONALITY OF PEOPLE, ANIMALS AND THINGS.
   LA CASA ES BLANCA.
   THE HOUSE IS WHITE.
2. NACIONALIDAD. NATIONALITY
   YO SOY COLOMBIANA.
   I AM COLOMBIAN.
3. PROFESIÓN Y OCUPACIÓN. PROFESSION AND OCCUPATION.
   MI PADRE ES DENTISTA.
   MY FATHER IS A DENTIST.
4. RELACIONES INTERPERSONALES. RELATIONSHIPS
   INGRID ES MI HERMANA
   INGRID IS MY SISTER
5. FECHA Y HORA. DATE AND TIME
   HOY ES AGOSTO 23 DE 20012.
   TODAY IS AUGUST 23RD, 2012.
   SON LAS 11 DE LA MAÑANA.
   IT'S 11 IN THE MORNING.
6. POSESIÓN. POSSESSION OR OWNERSHIP
   ESA SODA ES DE MARÍA.
   THAT SODA IS MARÍA'S.
7. MATERIAL. MATERIAL
   LA MESA ES DE MADERA.
   THE TABLE IS MADE OF WOOD.
8. EL LUGAR DE UN EVENTO.
   WHERE AN EVENT TAKES PLACE
   LA FIESTA ES EN MI APARTAMENTO.
   THE PARTY IS IN MY APARTMENT.

ESTAR DESCRIBE. ESTAR DESCRIBES:

1. ESTADO DE ÁNIMO. MOOD
   LA NIÑA ESTÁ CONTENTA.
   THE GIRL IS CONTENT.
2. LOCALIZACIÓN. LOCATION
   LA CABAÑA ESTÁ EN BARCELONA.
   THE CABIN IS IN BARCELONA.
3. CONDICIONES Y CIRCUNSTANCIAS QUE PUEDEN CAMBIAR. CONDITIONS AND CIRCUMSTANCES THAT CAN CHANGE
   ✓TEMPERATURA.TEMPERATURE
   EL CAFÉ ESTÁ CALIENTE.
   THE COFFEE IS HOT.
   ✓ ABIERTO(A) Y CERRADO(A)
   OPEN AND CLOSED
   ✓ LLENO(A) Y VACÍO(A)
   FULL AND EMPTY
   ✓ LIMPIO(A) Y SUCIO(A)
   CLEAN AND DIRTY
4. OPINIÓN PERSONAL SOBRE LA COMIDA O LA APARIENCIA DE UNA PERSONA. PERSONAL OPINION ABOUT FOOD OR SOMEBODY'S APPEARANCE/ LOOK.
   ESTE VINO ESTÁ BUENÍSIMO.
   THIS WINE IS REALLY GOOD.
   TÚ ESTÁS MUY LINDA HOY.
   YOU LOOK VERY PRETTY TODAY.
5. EXPRESIONES COMO: EXPRESSIONS LIKE:
   ESTAR VIVO(A) O MUERTO(A)
   BEING ALIVE OR DEAD
   ESTAR DE ACUERDO. TO AGREE
6. PRESENTE Y PASADO PROGRESIVO PRESENT AND PAST PROGRESSIVE
   YO ESTOY ESTUDIANDO ESPAÑOL
   I'M STUDYING SPANISH

9. FRASES CON EL VERBO SER
PHRASES WITH THE VERB SER

¿ser o no ser?

VERBO SER
TIEMPO PRESENTE

SER IS ONE OF THE TWO VERBS EQUIVALENT TO ENGLISH "TO BE".

IT CLASSIFIES AND DEFINES THE ESSENCE OF PEOPLE, ANIMALS AND THINGS.

Yo...............	SOY
Tú...............	ERES
Ud.-Él-ella..	ES
Nosotros-as....	SOMOS
Vosotros-as......	SOIS
Ellos-ellas	
Uds..................	SON

¿CÓMO ES ÉL?: WHAT IS HE LIKE?

(LITERALLY IT MEANS: HOW IS HE LIKE?)

LEE Y PRACTICA EL VERBO SER
READ AND PRACTICE THE VERB SER

NATALIA Y ANA SON AMIGAS. ELLAS ESTÁN EN UN CAFÉ EN SOUTH BEACH. Y ESTA NOCHE VAN A SALIR CON EL NOVIO DE NATALIA Y CON SU PRIMO CARLOS, QUE ACABA DE LLEGAR DE COLOMBIA. ANA NO CONOCE A CARLOS Y POR ESO QUIERE SABER MUCHAS COSAS SOBRE ÉL.

NATALIA AND ANA ARE FRIENDS. THEY ARE IN A COFFEE SHOP IN SOUTH BEACH. THIS EVENING THEY ARE GOING TO GO OUT WITH NATALIA'S BOYFRIEND AND HER COUSIN CARLOS WHO JUST ARRIVED FROM COLOMBIA. ANA HAS NOT MET CARLOS AND WANTS TO KNOW MANY THINGS ABOUT HIM.

NATALIA: ¡HOLA ANA! ¿CÓMO ESTÁS? HELLO ANA! HOW ARE YOU?

ANA: BIEN ¿Y TÚ? ¿CÓMO ESTÁS? FINE AND YOU? HOW ARE YOU?

NATALIA: MUY BIEN, GRACIAS. VERY WELL, THANK YOU.

ANA: OYE, ¿FINALMENTE VAMOS A SALIR ESTA NOCHE CON TU PRIMO Y TU NOVIO? LISTEN! ARE WE FINALLY GOING OUT TONIGHT WITH YOUR COUSIN AND YOUR BOYFRIEND?

NATALIA: ¡CLARO QUE SÍ! OF COURSE!

ANA: PERO, CUÉNTAME, ¿CÓMO SE LLAMA TU PRIMO? BUT, TELL ME, WHAT IS YOUR COUSIN'S NAME?

NATALIA: ÉL SE LLAMA CARLOS. HIS NAME IS CARLOS.

ANA: Y ¿DE DÓNDE ES ÉL? AND WHERE IS HE FROM?

NATALIA: ÉL ES DE SANTA MARTA, DEL CARIBE COLOMBIANO. HE'S FROM SANTA MARTA, COLOMBIA, A CITY ON THE CARIBBEAN COAST.

ANA: ¡QUÉ BIEN! Y ¿CÓMO ES CARLOS? HOW NICE! AND WHAT IS HE LIKE?

9. FRASES CON EL VERBO SER
PHRASES WITH THE VERB SER

VERBO SER
TIEMPO PRESENTE

Yo.....................	SOY
Tú.....................	ERES
Ud.-Él.-ella..	ES
Nosotros-as....	SOMOS
Vosotros-as......	SOIS
Ellos-ellas	
Uds....................	SON

CONTINUACIÓN....

NATALIA: FÍSICAMENTE, ÉL ES MORENO, ALTO, MUY GUAPO Y DELGADO. TIENE EL PELO LISO Y CORTO. SUS OJOS Y SU PELO SON COLOR CAFÉ. EN SU FORMA DE SER, ÉL ES MUY ALEGRE Y SENCILLO.
PHYSICALLY, HE'S TAN, TALL, REALLY HANDSOME AND SLIM. HE HAS STRAIGHT AND SHORT HAIR. HIS EYES AND HAIR ARE BROWN. IN HIS PERSONALIITY, HE HAS A HAPPY AND MODEST PERSONALITY.

ANA: !UY! SUENA BIEN. Y ¿CUÁNTOS AÑOS TIENE ÉL?
IT SOUNDS GREAT! HOW OLD IS HE?

NATALIA: CREO QUE ÉL TIENE TREINTA Y CINCO AÑOS.
I THINK (THAT) HE'S 35 YEARS OLD.

ANA: Y ¿QUÉ HACE? AND WHAT DOES HE DO?

NATALIA: BUENO, ÉL ES CANTANTE DE MÚSICA COLOMBIANA.
WELL, HE'S A SINGER OF COLOMBIAN MUSIC.

ANA: !NO ME DIGAS! ¿TU PRIMO ES EL FAMOSO Y GUAPO CANTANTE CARLOS VILLA? ARE YOU KIDDING? IS YOUR COUSIN THE FAMOUS AND HANDSOME SINGER CARLOS VILLA?

NATALIA: SÍ, ESE ES MI PRIMO CON EL QUE VAMOS A SALIR ESTA NOCHE.
YES, THAT'S MY COUSIN WITH WHOM WE ARE GOING OUT TONIGHT.

ANA: !NO PUEDO CREERLO! !EXCELENTE SORPRESA! MUCHAS GRACIAS POR LA INVITACIÓN. I CAN'T BELIEVE IT! AN EXCELLENT SURPRISE! THANK YOU VERY MUCH FOR THE INVITATION.

DESCRIPCIÓN FÍSICA DE ALGUIEN

ÉL-ELLA ES..

MORENO(A)	BLANCO(A)
TAN	**WHITE**
ALTO(A)	BAJO(A)
TALL	**SHORT**
GORDO(A)	FLACO(A)
FAT	**SKINNY**
GUAPO(A)	FEO(A)
GOOD LOOKING	**UGLY**
JOVEN	VIEJO(A)
YOUNG	**OLD**

ÉL-ELLA TIENE...

PELO LARGO	PELO CORTO
LONG HAIR	**SHORT HAIR**
PELO LISO	PELO CRESPO
STRAIGHT HAIR	**CURLY HAIR**
PELO RUBIO	PELO OSCURO
BLOND HAIR	**DARK HAIR**
OJOS CLAROS	OJOS OSCUROS
"LIGHT" EYES	**"DARK" EYES**
(BLUE, GREEN, GRAY)	(BROWN)

VERBO TENER : TO HAVE

Yo.....................	TENGO
Tú.....................	TIENES
Ud.-Él.-ella..	TIENE
Nosotros-as....	TENEMOS
Vosotros-as......	TENÉIS
Ellos-ellas	
Uds....................	TIENEN

NOTA
NOTE
SPANISH USES THE VERB TENER TO EXPRESS AGE:
YO TENGO 15 AÑOS

¿QUIÉN ES ÉL/ELLA? WHO IS HE/SHE?	¿DE DÓNDE ES ÉL/ELLA? WHERE IS HE/SHE FROM?	¿CÓMO ES ÉL/ELLA? WHAT IS HE/SHE LIKE?	¿CUÁL ES SU TRABAJO? WHAT IS HIS/HER/THEIR JOB?

EJERCICIO: RESPONDE LAS PREGUNTAS DE LOS SIGUIENTES PERSONAJES. ESCOGE LAS OCUPACIONES Y LAS CARACTERÍSTICAS DE PERSONALIDAD DE LA LISTA. ANSWER THE QUESTIONS ABOUT THE FOLLOWING CHARACTERS. CHOOSE THE OCCUPATIONS AND THEIR PERSONALITIES ON THE FOLLOWING LISTS.

CARACTERÍSTICAS DE PERSONALIDAD

INTELIGENTE INTELLIGENT	TONTO(A)/ESTÚPIDO(A) SILLY/STUPID
ALEGRE/DIVERTIDO(A) HAPPY/FUN	SERIO(A)/ABURRIDO(A) SERIOUS/BORING
TÍMIDO(A)/INTROVERTIDO(A) SHY	EXTROVERTIDO(A) EXTROVERTED
SIMPÁTICO(A)/AMABLE/ BUENA PERSONA/QUERIDO(A) KIND/NICE	ANTIPÁTICO(A)/GROSERO(A)/ MAL EDUCADO(A) RUDE

OCUPACIONES

ACTOR-ACTRIZ: ACTOR- ACTRESS
BAILARÍN(A): DANCER
COMEDIANTE: COMEDIAN
CANTANTE: SINGER
COMPOSITOR(A): COMPOSER
PRODUCTOR(A): PRODUCER
PROFESOR(A): TEACHER

1. ¿QUIÉN ES ÉL?	**2.** ¿QUIÉN ES ELLA?	**3.** ¿QUIÉNES SON ELLOS?
ANA Z	ANA Z	ANA Z
ÉL ES......	ELLA ES	ELLOS SON..............
¿DE DÓNDE ES ÉL? ÉL ES DE......	¿DE DÓNDE ES ELLA? ELLA ES DE	¿DE DÓNDE SON ELLOS? ELLOS SON DE..............
¿CUÁL ES SU TRABAJO? ÉL ES..........	¿CUÁL ES SU TRABAJO? ELLA ES..........	¿CUÁLES SON SUS TRABAJOS? ELLOS SON..........
¿CÓMO ES SU PERSONALIDAD? ÉL ES..........	¿CÓMO ES SU PERSONALIDAD? ELLA ES..........	¿CÓMO SON SUS PERSONALIDADES? ELLOS SON..........

10. TÚ, TU FAMILIA Y TUS COSAS FAVORITAS
YOU, YOUR FAMILY AND YOUR FAVORITE THINGS

EJERCICIO: RESPONDE LAS SIGUIENTES PREGUNTAS:
ANSWER THE FOLLOWING QUESTIONS:

> **LOOK AT THE COUNTRIES AND NATIONALITIES ON THE PAGE 79**

1. ¿CÓMO TE LLAMAS? WHAT IS YOUR NAME?
ME LLAMO ....
MY NAME IS ...

8. ¿DE DÓNDE ERES TÚ?
WHERE ARE YOU FROM?
- YO SOY DE .... (PAÍS)
I AM FROM .... (COUNTRY)

2. ¿CÚAL ES TU APELLIDO? MI APELLIDO ES..
WHAT IS YOUR LAST NAME? MY LAST NAME IS
- YO SOY................(NACIONALIDAD)
I AM .... (NATIONALITY)

3. ¿ERES CASADO-A O SOLTERO-A?
ARE YOU MARRIED OR SINGLE?
YO SOY ...
I AM...

9. ¿QUIÉN ES TU FAMILIA?
WHO IS YOUR FAMILY?

MI FAMILIA ES: MY FAMILY IS:

4. ¿TIENES MASCOTAS? DO YOU HAVE PETS?

- SÍ, TENGO UN PERRO O UN GATO
YES, I HAVE A DOG OR A CAT

- NO TENGO MASCOTAS. I DON'T HAVE PETS

1. MI PADRE: MY FATHER
2. MI MADRE: MY MOTHER
3. MI HERMANO(A): MY SISTER/BROTHER
4. MI ESPOSO(A): MY HUSBAND/WIFE
5. MI HIJO(A): MY SON/DAUGHTER
6. MI ABUELO(A): MY GRANDFATHER/
MY GRANDMOTHER

5. ¿CUÁL ES TU OCUPACIÓN?
WHAT IS YOUR OCCUPATION?
YO SOY ....
I AM ....

7. MI TÍO: MY UNCLE
8. MI TÍA: MY AUNT
9. MI PRIMO(A): MY MALE COUSIN/
MY FEMALE COUSIN

6. ¿CUÁL ES TU COLOR FAVORITO?
MI COLOR FAVORITO ES EL....
1.   ROJO (RED)
2.   AZUL (BLUE)
3.   AMARILLO (YELLOW)
4.   VERDE (GREEN)
5.   ANARANJADO (ORANGE)
6.   BLANCO (WHITE)
7.   NEGRO (BLACK)
8.   GRIS (GRAY)
9.   ROSADO (PINK)
10.   PÚRPURA O MORADO (PURPLE)

10. ¿CUÁL ES TU FRUTA PREFERIDA?
WHAT IS YOUR FAVORITE FRUIT?

MI FRUTA PREFERIDA ES...
MY FAVORITE FRUIT IS...

1. LA MANZANA APPLE
2. EL BANANO BANANA
3. LA PIÑA PINEAPPLE
4. LAS FRESAS STRAWBERRIES
5. LAS FRAMBUESAS RASPBERRIES
6. LA NARANJA ORANGE
7. LA TORONJA GRAPEFRUIT
8. EL LIMÓN LEMON-LIME
9. LA PERA PEAR
10. EL DURAZNO PEACH
11. LAS UVAS GRAPES
12. LA SANDÍA WATERMELON
13. EL MELÓN MELON
14. LAS CEREZAS CHERRIES
15. OTRA, CUÁL? ANOTHER, WHICH?

7. ¿CUÁL ES TU COMIDA PREFERIDA?
WHAT IS YOU FAVORITE FOOD?
MI COMIDA PREFERIDA ES...
MY FAVORITE FOOD IS...
1. LA CARNE MEAT
2. EL POLLO CHICKEN
3. LAS VERDURAS VEGETABLES
4. LAS FRUTAS FRUITS
5. OTRA, CUÁL ANOTHER, WHICH?

11. LOS NÚMEROS: NUMBERS

0 Cero	30 Treinta
1 Uno – Un + MASCULINE NOUN Una + FEMININE NOUN	31 Treinta y uno
2 Dos	32 Treinta y dos
3 Tres	33 Treinta y tres
4 Cuatro	34 Treinta y cuatro
5 Cinco	35 Treinta y cinco
6 Seis	36 Treinta y seis
7 Siete	37 Treinta y siete
8 Ocho	38 Treinta y ocho
9 Nueve	39 Treinta y nueve
10 Diez	40 Cuarenta
11 Once	50 Cincuenta
12 Doce	60 Sesenta
13 Trece	70 Setenta
14 Catorce	80 Ochenta
15 Quince	90 Noventa
16 Diez y seis = Dieciséis	100 Cien
17 Diez y siete = Diecisiete	101 Ciento uno
18 Diez y ocho = Dieciocho	200 Doscientos/ Doscientas
19 Diez y nueve = Diecinueve	300 Trescientos/ Trescientas
20 Veinte	400 Cuatrocientos/Cuatrocientas
21 Veinte y uno = Veintiuno	500 Quinientos/ Quinientas
22 Veinte y dos = Veintidós	600 Seiscientos/ Seiscientas
23 Veinte y tres = Veintitrés	700 Setecientos/ Setecientas
24 Veinte y cuatro = Veinticuatro	800 Ochocientos/ Ochocientas
25 Veinte y cinco = Veinticinco	900 Novecientos/ Novecientas
26 Veinte y seis = Veintiséis	1.000 Mil
27 Veinte y siete = Veintisiete	2.000 Dos mil
28 Veinte y ocho = Veintiocho	100.000 Cien mil
29 Veinte y nueve = Veintinueve	1.000.000 Un millón
	1.000.000.000 Mil millones

Trucos para aprenderse los números en español
Tricks to learn Spanish numbers

✓ Numbers from 1 to 15 have their own name, but numbers from 16 to 19 are compound names. For example you say TEN AND SIX for the number SIXTEEN.

✓ Number 1 and numbers from 200 to 900 have gender, so if you are counting women you say: Una mujer or doscientas (200) mujeres, but if you are counting men, you say: Un hombre or doscientos (200) hombres. Uno is just the number one.

✓ Numbers 5 and 50 keep a similar name:

5 50
Cinco   Cincuenta

But those numbers are different from 15 and 500:

15 500
Quince   Quinientos

✓ Remember: 60 SeSenTa and 70 SeTenTa.

✓When number 100 is by itself it is Cien but use ciento when it's followed by any number.

II. LOS NÚMEROS
NUMBERS

EJERCICIO: COMPLETA LAS SIGUIENTES FRASES, ESCRIBIENDO LOS NÚMEROS EN PALABRAS: **COMPLETE THE FOLLOWING SENTENCES WRITING THE NUMBERS IN WORDS.**

1. MI FAMILIA ES GRANDE, NOSOTROS SOMOS _____ PERSONAS,
   15 **PEOPLE**

   _____ NIÑOS Y _____ ADULTOS.
   5 **KIDS**   10

2. YO TENGO _____ PERROS Y _____ GATOS, EN MI CASA HAY
   3   9   **THERE ARE**

   _____ MASCOTAS.
   12 **PETS**

3. ¿CUÁNTAS BOTELLAS DE AGUA QUIEREN USTEDES? NOSOTROS QUEREMOS
   HOW MANY BOTTLES OF WATER DO YOU WANT GUYS?   **WE WANT**

   _____ BOTELLAS DE AGUA.
   8

4. TÚ TIENES _____ HIJO Y _____ HIJA. EN TOTAL TÚ TIENES _____
   HIJOS.   1   **SON**   1   **DAUGHTER**   2
   CHILDREN

5. ¿CUÁNTO VALE UNA LIBRA DE JAMÓN? UNA LIBRA DE JAMÓN VALE _____
   DÓLARES.   11
   HOW MUCH IS A POUND OF HAM? A POUN OF HAM IS 11 DOLLARS.

6. POR FAVOR, DAME _____ CAFÉS Y _____ PASTELES DE QUESO.
   GIVE ME   6   7   **CHEESE PASTRIES**

7. MI HERMANA TIENE _____ AÑOS Y MI SOBRINO TIENE _____
   MY SISTER   13   **MY NEPHEW**   14
   AÑOS.

8. ANTES DEL NÚMERO _____ ESTÁ EL NÚMERO _____
   BEFORE   21   20

9. MI MADRE ES JOVEN, ELLA TIENE _____ AÑOS.
   MY MOTHER IS YOUNG   55

10. MI ABUELO ES MAYOR QUE MI ABUELA, ÉL TIENE _____ AÑOS .
    MY GRANDFATHER IS OLDER THAN MY GRANDMOTHER,   77
    Y ELLA TIENE _____ AÑOS.
                  66

11. EN JAPÓN VIVE UNA PERSONA QUE TIENE _____ AÑOS.
    IN JAPAN LIVES A PERSON WHO IS   100

12. YO NACÍ EN EL AÑO _____.
    I WAS BORN IN THE YEAR   1915

17 ○ **diecisiete**

12. DÍAS DE LA SEMANA Y MESES DEL AÑO
DAYS OF THE WEEK AND MONTHS OF THE YEAR

LOS DÍAS DE LA SEMANA Y LOS ASTROS
DAYS OF THE WEEK AND THE HEAVENLY BODIES

NOTA
NOTE
MOST OF THE MONTHS ARE REALLY SIMILAR IN SPANISH AND ENGLISH, EXCEPT FOR JANUARY: ENERO

Lunes
MONDAY — LUNA

Martes
TUESDAY — MARTE

Miércoles
WEDNESDAY — MERCURIO

Jueves
THURSDAY — JÚPITER

Viernes
FRIDAY — VENUS

Sábado
SATURDAY — SATURNO

Domingo
SUNDAY

ESTE DÍA NO TIENE UN ASTRO RELACIONADO. THIS DAY DOESN'T HAVE A RELATED HEAVENLY BODY.

LOS MESES DEL AÑO
MONTHS OF THE YEAR

ENERO:	JANUARY
FEBRERO:	FEBRUARY
MARZO:	MARCH
ABRIL:	APRIL
MAYO:	MAY
JUNIO:	JUNE
JULIO:	JULY
AGOSTO:	AUGUST
SEPTIEMBRE:	SEPTEMBER
OCTUBRE:	OCTOBER
NOVIEMBRE:	NOVEMBER
DICIEMBRE:	DECEMBER

13. FECHAS... FECHAS .... FECHAS... FECHAS
DATES.... DATES... DATES... DATES

> **NOTA CULTURAL**
> **CULTURAL NOTES**
> ✓ FOR THE DATE IN SPANISH, INDICATE FIRST DAY, MONTH AND THEN YEAR.
> ✓ TO INDICATE THE DAYS OF THE MONTH USE CARDINAL NUMBERS, FROM 2 TO 31.
> ✓ ONLY USE THE ORDINAL NUMBER PRIMERO FOR THE FIRST OF THE MONTH.

ENERO
FEBRERO
MARZO
ABRIL
MAYO
JUNIO
JULIO
AGOSTO
SEPTIEMBRE
OCTUBRE
NOVIEMBRE
DICIEMBRE

EJERCICIO:
COMPLETA LAS SIGUIENTES FECHAS CON LAS LETRAS QUE FALTAN.
COMPLETE THE FOLLOWING DATES WITH THE MISSING LETTERS.

1) 15-07   EL Q _ INC _   DE   J_ L_ O.

2) 03-05   EL   TR _ _   D _   M _ Y _.

3) 24-12   E_   V _ _ _ TI _ _ A _ _ _   D _   DI _ _ _ M _ R _.

4) 1987   M _ L   N _ V _ CI _ NT _ S   OCH _ NT _ Y S _ _ T _.

5) 1575   M _ _   QU _ _ _ EN _ _ _   S _ T _ _ T _   Y

C _ NC _.

6) 02-02-1986   E _   D _ _   D _   F _ BR _ _ O   D _   M _ _

NO _ _ _ _ _ _ TOS   O _ _ _ _ TA   Y   SE_ _.

7) 20-08-2010   E _   V _ _ NT _   D_   AG _ _ _ O   D _

D _ S   M _ L   D _ _ Z.

8) 19-11-1999   E _   DI _ C _ NU _ _ _   D_   NO _ _ _ _ _ _ E

D _   M _ L   N _ V _ _ _ _ _ _ _

N _ V _ _ _ _   Y   N _ _ V _.

9) 06-09-1967   E_   S _ _ S   D_   SE _ _ _ _ _ BR _   D _   M _ _

NO _ _ C _ _ _ _ OS   S _ S _ _ _ A   Y   S _ _ _ E

10) 1750   M _ _   S _ _ E _ _ E _ T _ _   C _ _ _ U _ _ TA.

14. ¿QUÉ HORA ES?
WHAT TIME IS IT?

- ✓ To the question ¿QUÉ HORA ES? always answer whith the third person plural of SER:

  SON LAS ..... (mention the hour from 2 to 12)

- ✓ Only answer with the third person singular of SER when it's one, because you have just one hour:

  ES LA UNA

- ✓ To connect hours with minutes use Y, for example 5:20 is CINCO Y VEINTE.

- ✓ You can use quarter and half: SON LAS SEIS Y CUARTO. SON LAS 3 Y MEDIA.

- ✓ HORA is a feminine word, that is why we use the feminine articles LA and LAS.

- ✓ Translate "It's" as ES LA (UNA) or SON LAS... But if you talk about an appointment translate "AT" as A LAS. LA CITA ES A LAS DOS.

SON LAS........

- • DE LA MAÑANA (1AM-11:59AM)
  IN THE MORNING

ES LA UNA. . .

- • DE LA TARDE (12PM-6:59PM)
  IN THE AFTERNOON

- • DE LA NOCHE (7PM-12:59AM)
  IN THE EVENING

NOON:	EL MEDIO DÍA
MIDNIGHT:	LA MEDIA NOCHE

It's 10:00 o'clock	SON LAS DIEZ **EN PUNTO**.
It's 7:15	SON LAS SIETE Y **QUINCE** (MINUTOS) O SON LAS SIETE Y **CUARTO**. (QUARTER)
It's 9:30	SON LAS NUEVE Y **TREINTA** O SON LAS NUEVE Y **MEDIA**.
It's 11:45	SON LAS ONCE Y CUARENTA Y CINCO O SON LAS DOCE (12) MENOS CUARTO O SON QUINCE (15) PARA LAS DOCE (12)
My appointment is <u>AT</u> 3:00	MI CITA ES **A LAS** TRES

14. ¿QUÉ HORA ES?
WHAT TIME IS IT?

EJERCICIO: DI Y ESCRIBE LA HORA EN CADA RELOJ, RECUERDA INDICAR SI ES DE LA MAÑANA, DE LA TARDE O DE LA NOCHE. SAY AND WRITE THE TIME FOR EACH WATCH OR CLOCK. REMEMBER TO INDICATE MORNING, AFTERNOON OR EVENING.

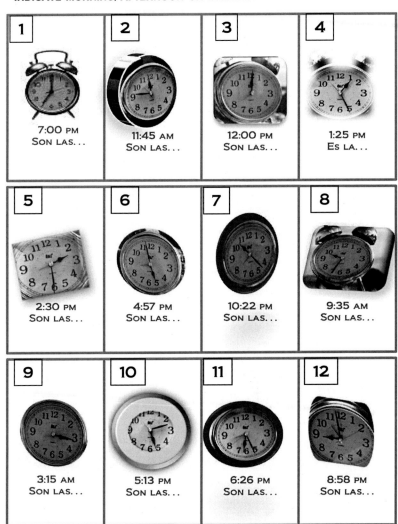

1	2	3	4
7:00 PM SON LAS...	11:45 AM SON LAS...	12:00 PM SON LAS...	1:25 PM ES LA...

5	6	7	8
2:30 PM SON LAS...	4:57 PM SON LAS...	10:22 PM SON LAS...	9:35 AM SON LAS...

9	10	11	12
3:15 AM SON LAS...	5:13 PM SON LAS...	6:26 PM SON LAS...	8:58 PM SON LAS...

¿QUÉ HORA ES?
WHAT TIME IS IT?

¿CUÁL ES LA FECHA?
WHAT IS THE DATE?

¿CUÁNDO ES LA CITA?
WHEN IS THE APPOINTMENT?

EJERCICIO: COMPLETA LAS SIGUIENTES FRASES. ESCRIBE LOS NÚMEROS EN PALABRAS. COMPLETE THE FOLLOWING SENTENCES. WRITE NUMBERS AND WORDS.

1. ¿QUÉ _____ ES HOY?   _____ ES _____
   WHAT DAY IS TODAY?   TODAY IS THURSDAY

2. ¿CUÁL ES LA _____ DE HOY? HOY ES _____ DE

   _____
   WHAT IS TODAY'S DATE?   TODAY IS JANUARY FIRST

3. ¿QUÉ _____ ES?   _____ LAS _____ Y _____
   DE LA _____.
   WHAT TIME IS IT? IT'S 4:22 PM

4. UN AÑO TIENE _____ DÍAS.
   ONE YEAR HAS 365 DAYS.

5. LA FIESTA ES EL _____ DE _____
   THE PARTY IS ON JULY 12TH

6. ¿A QUÉ _____ ES NUESTRA CLASE?
   AT WHAT TIME IS OUR CLASS?
   NUESTRA CLASE ES ___ _____ _____ Y _____
   DE LA TARDE
   OUR CLASS IS AT 6:30 PM

7. ¿CUÁNDO ES TU CUMPLEAÑOS? WHEN IS YOUR BIRTHDAY?
   MI _____ ES EL _____ DE _____
                        DÍA   MES

22 ● **veintidós**

15. PALABRAS FEMENINAS Y MASCULINAS
FEMININE AND MASCULINE SPANISH WORDS

GÉNERO DE LOS SUSTANTIVOS
GENDER OF NOUNS

NOUNS HAVE FEMININE OR MASCULINE GENDER.
IN SPANISH, THERE ARE SOME GENERAL RULES WITH **THE ENDINGS OF NOUNS** TO IDENTIFY IF IT IS FEMININE OR MASCULINE, LET'S SEE THESE RULES.

TERMINACIONES DE LOS SUSTANTIVOS
ENDINGS OF THE NOUNS:

	FEMENINOS	MASCULINOS	
LA PUERTA / THE DOOR	A	O	EL LIBRO / THE BOOK
LA CANCIÓN / THE SONG	AS	ON	EL PROGRAMA / THE PROGRAM
LA MANSIÓN / THE MANSION	CIÓN	OR	EL MENSAJE / THE MESSAGE
LA CIUDAD / THE CITY	SIÓN	OS	EL CALAMBRE / THE CRAMP
LA JUVENTUD / THE YOUTH	AD	MA	EL HOMBRE / THE MAN
LA COSTUMBRE / THE CUSTOM	UD	AJE	
	UMBRE	AMBRE	
		OMBRE	

PON ATENCIÓN
PAY ATTENTION
EVEN THOUGH MOST OF THE FEMININE ENDINGS HAVE THE VOWEL A, MA IS A MASCULINE ENDING

MANY FEMININE AND MASCULINE NOUNS DON'T FOLLOW THESE RULES BECAUSE THEY HAVE DIFFERENT ENDINGS; THEREFORE, WE'LL LEARN ABOUT THE GENDER OF THESE WORDS PRACTICING, LISTENING AND READING.

15. PALABRAS FEMENINAS Y MASCULINAS
FEMININE AND MASCULINE SPANISH WORDS

THE ARTICLE OR PRONOUN BEFORE A NOUN HAS TO BE THE SAME GENDER AND NUMBER (SINGULAR-PLURAL) OF THE NOUN. LET´S SEE SOME OF THEM.

ARTÍCULOS Y PRONOMBRES	FEMENINOS		MASCULINOS	
ENGLISH ARTICLES & PRONOUNS	SINGULAR	PLURAL	SINGULAR	PLURAL
THE	* LA LA MUJER	LAS LAS MUJERES	* EL EL HOMBRE	LOS LOS HOMBRES
A	UNA UNA MUJER		UN UN HOMBRE	
SOME		UNAS UNAS MUJERES ALGUNAS ALGUNAS MUJERES		UNOS UNOS HOMBRES ALGUNOS ALGUNOS HOMBRES
THIS	ESTA ESTA MUJER		ESTE ESTE HOMBRE	
THESE		ESTAS ESTAS MUJERES		ESTOS ESTOS HOMBRES
THAT	ESA ESA MUJER		ESE ESE HOMBRE	
THOSE		ESAS ESAS MUJERES		ESOS ESOS HOMBRES

* LA MUJER: THE WOMAN   * EL HOMBRE: THE MAN

15. PALABRAS FEMENINAS Y MASCULINAS
FEMININE AND MASCULINE SPANISH WORDS

LEE EN VOZ ALTA Y APRENDE
READ ALOUD AND LEARN
READ ALOUD THE FOLLOWING FEMININE WORDS SO YOU CAN
GET USED TO THESE NEW SOUNDS AND RHYMES.

SUSTANTIVOS FEMENINOS

TERMINAN EN A....
LA AMIGA - THE FRIEND
LA BLUSA - THE BLOUSE
LA BOLSA – THE BAG
LA CASA – THE HOUSE
LA CERVEZA – THE BEER
LA COMIDA – THE FOOD
LA DAMA – THE LADY
LA IGLESIA – THE CHURCH
LA HERMANA – THE SISTER
LA LÁMPARA – THE LAMP
LA MALETA – THE SUITCASE
LA MESA – THE TABLE
LA MUCHACHA – THE GIRL
LA NIÑA – THE LITTLE GIRL
LA PERSONA – THE PERSON
LA PLANTA – THE PLANT
LA SALA – THE LIVING ROOM
LA SILLA – THE CHAIR
LA TIENDA – THE STORE
LA VENTANA – THE WINDOW

TERMINAN EN UMBRE....
LA COSTUMBRE - THE CUSTOM
LA CUMBRE - THE SUMMIT,
     THE MOUNTAINTOP

EXCEPCIÓN: THIS WORD
SHOULD BE MASCULINE BECAUSE
ENDS IN "O" HOWEVER IT'S
FEMININE:
    LA MANO – THE HAND

TERMINAN EN CIÓN Y SIÓN...
LA CANCIÓN - THE SONG
LA CONVERSACIÓN - THE CONVERSATION
LA DIRECCIÓN – THE ADDRESS, THE
    DIRECTION
LA ESTACIÓN – THE SEASON, THE
    STATION
LA EXPOSICIÓN – THE EXPOSITION, THE
    EXHIBIT
LA INVITACIÓN – THE INVITATION
LA INYECCIÓN – THE INJECTION
LA LECCIÓN – THE LESSON
LA DIVISIÓN – THE DIVISION
LA ILUSIÓN – THE ILLUSION
LA MISIÓN – THE MISSION
LA PASIÓN – THE PASSION
LA TELEVISIÓN – THE TELEVISION

TERMINAN EN AD Y UD...
LA AMISTAD – THE FRIENDSHIP
LA CIUDAD - THE CITY
LA DIFICULTAD – THE DIFFICULTY
LA DIGNIDAD – THE DIGNITY
LA LIBERTAD – THE LIBERTY
LA UNIVERSIDAD – THE UNIVERSITY
LA VERDAD - THE TRUTH
LA VOLUNTAD – THE WILL
LA ACTITUD – THE ATTITUDE
LA ESCLAVITUD – THE SLAVERY
LA EXACTITUD – THE EXACTNESS, THE
    PRECISION
LA VIRTUD – THE VIRTUE

CASOS ESPECIALES: THE LONG VERSION OF
THE WORD IS FEMININE AND ITS ABREVIATION
ALSO.
LA MOTOCICLETA O LA MOTO – THE MOTORCYCLE
LA FOTOGRAFÍA O LA FOTO – THE PHOTOGRAPH

15. PALABRAS FEMENINAS Y MASCULINAS
FEMININE AND MASCULINE SPANISH WORDS

CONTINUACIÓN...

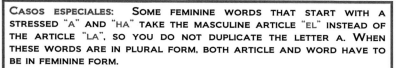

SUSTANTIVOS FEMENINOS

CASOS ESPECIALES: SOME FEMININE WORDS THAT START WITH A STRESSED "A" AND "HA" TAKE THE MASCULINE ARTICLE "EL" INSTEAD OF THE ARTICLE "LA", SO YOU DO NOT DUPLICATE THE LETTER A. WHEN THESE WORDS ARE IN PLURAL FORM, BOTH ARTICLE AND WORD HAVE TO BE IN FEMININE FORM.

SINGULAR	PLURAL
EL AGUA – THE WATER	LAS AGUAS
EL ÁGUILA – THE EAGLE	LAS ÁGUILAS
EL ALMA – THE SOUL	LAS ALMAS
EL ARMA – THE GUN	LAS ARMAS
EL AZÚCAR – THE SUGAR	LAS AZÚCARES
EL ARPA – THE HARP	LAS ARPAS
EL HAMBRE – THE HUNGER	LAS HAMBRES
EL HACHA – THE AX	LAS HACHAS

EJERCICIO: ADICIONA EL ARTÍCULO "EL" SI LA PALABRA ES MASCULINA Y EL ARTÍCULO "LA" SI ES FEMENINA
ADD THE ARTICLE EL IF THE WORD IS MASCULINE AND THE ARTICLE LA IF IT'S FEMININE.

1. _____ COCINA - KITCHEN

2. _____ CUCHARA

3. _____ CUCHILLO

4. _____ TENEDOR

5. _____ COMIDA - FOOD

6. _____ PROBLEMA – PROBLEM

7. _____ TAZA

8. _____ PLATO

9. _____ MANSIÓN - MANSION

10. _____ AVIÓN - AIRPLANE

11. _____ CIUDAD - CITY

12. _____ SERVILLETA - NAPKIN

13. _____ AGUA – WATER

14. _____ LIBERTAD - LIBERTY

15. _____ MESA

16. _____ MASAJE – MASSAGE

17. _____ PROGRAMA - PROGRAM

18. _____ VERDAD - TRUTH

15. PALABRAS FEMENINAS Y MASCULINAS
FEMININE AND MASCULINE SPANISH WORDS

LEE EN VOZ ALTA Y APRENDE
READ ALOUD AND LEARN
READ ALOUD THE FOLLOWING MASCULINE WORDS SO YOU CAN GET
ACCUSTOMED TO THESE NEW SOUNDS AND RHYMES.

SUSTANTIVOS MASCULINOS

TERMINAN EN O....
EL ABUELO — THE GRANDFATHER
EL AÑO — THE YEAR
EL ARMARIO — THE WARDROBE
EL BALCÓN — THE BALCONY
EL BAÑO - THE BATHROOM
EL CABALLO — THE HORSE
EL CARTERO — THE MAILMAN
EL LIBRO - THE BOOK
EL CARRO — THE CAR
EL ESPEJO — THE MIRROR
EL GATO — THE CAT
EL MUSEO — THE MUSEUM
EL PISO — THE FLOOR
EL PUERTO — THE PORT
EL QUESO — THE CHEESE
EL SILLÓN — THE ARMCHAIR
EL SUELO — THE GROUND, THE SOIL
EL TELÉFONO — THE TELEPHONE
EL TÍO — THE UNCLE
EL ZAPATO — THE SHOE

TERMINAN EN MA ....
EL AROMA — THE AROMA, THE
FRAGANCE
EL CLIMA — THE WEATHER, THE
CLIMATE
EL CRUCIGRAMA — THE CROSSWORD
THE PUZZLE
EL DILEMA — THE DILEMMA
EL DIPLOMA — THE DIPLOMA
EL DRAMA — THE DRAMA
EL EMBLEMA - THE EMBLEM
EL FANTASMA — THE GHOST, THE
PHANTOM
EL IDIOMA — THE LANGUAGE
EL PENTAGRAMA - THE PENTAGRAM
EL POEMA — THE POEM
EL PROBLEMA — THE PROBLEM
EL PROGRAMA — THE PROGRAM
EL SISTEMA — THE SYSTEM
EL TELEGRAMA — THE TELEGRAM
EL TEMA — THE THEME/THE SUBJECT

TERMINAN EN OR ....
EL AMOR — THE LOVE
EL CALOR — THE HEAT
EL SUDOR — THE SWEAT
EL TEMBLOR — THE TREMOR
EL VALOR — THE COURAGE, THE
VALUE
EL VAPOR — THE VAPOR/STEAM

EXCEPCIONES: THESE WORDS END IN
"MA", HOWEVER THEY ARE FEMININE:
LA CAMA— THE BED LA DAMA—THE LADY
LA MAMÁ — THE MOM

TERMINAN EN AJE ....
EL EQUIPAJE — THE LUGGAGE
EL MASAJE — THE MASSAGE
EL MENSAJE — THE MESSAGE
EL MONTAJE — THE SETTING
EL PAISAJE — THE LANDSCAPE
EL PASAJE — THE PASSAGE, TRAIN/BUS
FARE
EL PERSONAJE —THE CHARACTER
EL SALVAJE — THE SAVAGE

15. PALABRAS FEMENINAS Y MASCULINAS
FEMININE AND MASCULINE SPANISH WORDS

CONTINUACIÓN...

SUSTANTIVOS MASCULINOS

TERMINAN EN AMBRE Y OMBRE...	EXCEPCIONES: THESE WORDS SHOULD BE FEMININE BECAUSE THEY END IN "A" HOWEVER THEY ARE MASCULINE:
EL ALAMBRE – THE WIRE	EL DÍA – THE DAY
EL CALAMBRE – THE CRAMP	EL TRANVÍA – THE TROLLEY
EL ENJAMBRE – THE SWARM OF BEES	EL HURACÁN – THE HURRICANE
EL HOMBRE – THE MAN	EL MAPA – THE MAP
	EL SOFÁ – THE SOFA

1. EJERCICIO: ADICIONA EL ARTÍCULO "UN" SI LA PALABRA ES MASCULINA Y EL ARTÍCULO "UNA" SI ES FEMENINA
ADD THE ARTICLE UN IF THE WORD IS MASCULINE AND THE ARTICLE UNA IF IT'S FEMININE.

1. _____ DÍA - DAY

2. _____ ACCIÓN - ACTION

3. _____ NARANJA - ORANGE

4. _____ PUERTO - PORT

5. _____ PASAJE – THE PASSAGE, TRAIN/BUS FARE

6. _____ MAPA – MAP

7. _____ TEMA - THEME

8. _____ EQUIPO – TEAM, EQUIPMENT

9. _____ SOFÁ – SOFA

10. _____ ALFOMBRA – CARPET

11. _____ LAPICERO – PEN

12. _____ LEMA - MOTTO

2. EJERCICIO: ADICIONA EL PRONOMBRE "ESTE" SI LA PALABRA ES MASCULINA Y EL PRONOMBRE "ESTA" SI ES FEMENINA.
ADD THE PRONOUN ESTE (THIS MASCULINE) IF THE WORD IS MASCULINE AND THE PRONOUN ESTA (THIS FEMININE) IF IT'S FEMININE.

1. _____ CERVEZA - BEER

2. _____ HURACÁN - HURRICANE

3. _____ MANZANA - APPLE

4. _____ EDUCACIÓN - EDUCATION

5. _____ HOMBRE - MAN

6. _____ PROBLEMA - PROBLEM

7. _____ PEAJE- TOLL

8. _____ ENFERMEDAD - ILLNESS

16. OCUPACIONES FEMENINAS Y MASCULINAS
MASCULINE AND FEMININE OCCUPATIONS

OCUPACIONES

OCUPACIONES FEMENINAS Y MASCULINAS

MASCULINE AND FEMININE FORM: FORMA FEMENINA Y MASCULINA

USUALLY MASCULINE OCCUPATIONS END IN THE LETTER O; SWITCH TO THE LETTER A TO SHOW THE FEMININE FORM, FOR EXAMPLE:
COCINERO: COCINERA (COOK)
ENFERMERO: ENFERMERA (NURSE)

SOME MASCULINE OCCUPATIONS END IN THE LETTER R OR N THEN ADD THE LETTER A TO MAKE THE FEMININE FORM, FOR EXAMPLE:
DISEÑADOR: DISEÑADORA (DESIGNER)
INSTRUCTOR: INSTRUCTORA (INSTRUCTOR)

OCUPACIONES QUE TIENEN FORMA DIFERENTE CUANDO SON FEMENINAS Y CUANDO SON MASCULINAS

SOME OCCUPATIONS HAVE DIFFERENT FORMS FOR THE MASCULINE AND FEMININE.

EL ACTOR: LA ACTRIZ- **ACTOR: ACTRESS**

EL CONDE: LA CONDESA- **COUNT: COUNTESS**

EL EMPERADOR: LA EMPERATRIZ — **EMPEROR: EMPRESS**

EL HÉROE: LA HEROÍNA — **HERO: HEROINE**

EL HOMBRE: LA MUJER — **MAN: WOMAN**

EL PADRE: LA MADRE — **FATHER: MOTHER**

EL PRÍNCIPE: LA PRINCESA — **PRINCE: PRINCESS**

EL REY: LA REINA — **KING: QUEEN**

EL MACHO: LA HEMBRA — **MALE: FEMALE ANIMAL**

EL YERNO: LA NUERA — **SON-IN-LAW: DAUGHTER-IN-LAW**

16. OCUPACIONES FEMENINAS Y MASCULINAS
MASCULINE AND FEMININE OCCUPATIONS

OCUPACIONES NEUTRALES

OCCUPATIONS THAT END IN "NTE" OR "ISTA" CAN BE FEMININE OR MASCULINE, SO DO NOT MODIFY THE ENDING TO INDICATE THE GENDER BUT ADD THE CORRESPONDING FEMININE OR MASCULINE ARTICLE OR PRONOUN TO INDICATE IT. FOR EXAMPLE:

EL CANTANTE: LA CANTANTE
MALE SINGER: FEMALE SINGER

EL ESTUDIANTE: LA ESTUDIANTE
MALE STUDENT: FEMALE STUDENT

EL ARTISTA: LA ARTISTA
MALE ARTIST: FEMALE ARTIST

EL DENTISTA: LA DENTISTA
MALE DENTIST: FEMALE DENTIST

EJERCICIO:
ESCRIBE LA FORMA FEMENINA DE LAS OCUPACIONES.
WRITE THE FEMININE FORM OF THE MASCULINE OCCUPATION.

1. EL PROFESOR: _____
   THE MALE TEACHER

2. EL BAILARÍN: _____
   THE MALE DANCER

3. EL PIANISTA: _____
   THE MALE PIANIST

4. EL GERENTE: _____
   THE MALE MANAGER

5. EL REY: _____
   THE KING

6. EL PINTOR: _____
   THE MALE PAINTER

7. EL PADRE: _____
   THE FATHER

8. EL PRESIDENTE: _____
   THE MALE PRESIDENT

9. EL TAXISTA: _____
   THE MALE TAXI DRIVER

10. EL HOMBRE: _____
   THE MAN

17. EL PLURAL DE LOS SUSTANTIVOS
THE PLURAL FORM OF NOUNS

> ### EL PLURAL DE LOS SUSTANTIVOS
> ### PLURAL NOUNS

THE PLURAL FORM OF NOUNS IN SPANISH IS FORMED BY ADDING "S" OR "ES".

IF THE NOUN ENDS IN THE VOWELS "A, E, O", ADD "S":

LA CORBATA: LAS CORBATAS — TIE: TIES

EL CAFÉ: LOS CAFÉS — COFFEE: COFFEES

EL BAÑO: LOS BAÑOS — BATHROOM: BATHROOMS

IF THE NOUN ENDS IN ANY CONSONANT OR IN THE VOWELS "Í, Ú", ADD "ES":

EL PAPEL: LOS PAPELES — PAPER: PAPERS

EL MANÍ: LOS MANÍES — PEANUT: PEANUTS

EL TABÚ: LOS TABÚES — TABOO: TABOOS

SPECIAL CASE WITH DAYS OF THE WEEK FROM MONDAY TO FRIDAY DO NOT ADD "ES" TO MAKE THE PLURAL FORM. FOR EXAMPLE: EL MARTES: LOS MARTES

IF THE NOUN ENDS IN THE CONSONANT "Z" CHANGE IT TO "CES":

EL PEZ: LOS PECES — FISH: FISH

EL LÁPIZ: LOS LÁPICES — PENCIL: PENCILS

EJERCICIO: ESCRIBE EL PLURAL DE LOS SUSTANTIVOS Y DE LOS ARTÍCULOS O PRONOMBRES.
WRITE THE PLURAL FORM OF THE NOUNS AND ARTICLES OR PRONOUNS.

1. EL LUNES: _____
   THE MONDAY

2. ESA FLOR: _____
   THAT FLOWER

3. LA LUZ: _____
   THE LIGHT

4. UN PIE: _____
   A FOOT

5. ESTE GERENTE: _____
   THIS MANAGER

6. UNA PIEL: _____
   A SKIN

7. ESE TREN: _____
   THAT TRAIN

8. ESTA CLASE: _____
   THIS CLASS

9. EL TOMATE: _____
   THE TOMATO

10. UN HOTEL: _____
    A HOTEL

11. ESTE DIENTE: _____
    THIS TOOTH

12. LA NARIZ: _____
    THE NOSE

18. HACIENDO FRASES EN ESPAÑOL
DOING SENTENCES IN SPANISH

> ### LA RIMA DE LOS ADJETIVOS
> ### RHYME/MATCH OF ADJECTIVES

AN ADJECTIVE IS A WORD THAT DESCRIBES A NOUN.

✓ A SPANISH ADJECTIVE ALWAYS AGREES IN NUMBER (SINGULAR/PLURAL FORM)
WITH THE NOUN, FOR EXAMPLE:

EL PERRO ES GRANDE: LOS PERROS SON GRANDES
THE DOG IS BIG: THE DOGS ARE BIG

✓ AN ADJECTIVE THAT ENDS IN "A" OR "O" HAS TO AGREE IN GENDER
WITH THE NOUN, FOR EXAMPLE:

EL GATO ES NEGRO: LA GATA ES NEGRA
THE MALE CAT IS BLACK: THE FEMALE CAT IS BLACK

✓ ADJECTIVES THAT END IN THE REST OF THE VOWELS DON'T CHANGE BY
GENDER. FOR EXAMPLE:

EL HOMBRE ES INTELIGENTE: LA MUJER ES INTELIGENTE
THE MAN IS INTELLIGENT: THE WOMAN IS INTELLIGENT

EJERCICIO: CON CADA SUSTANTIVO ESCRIBE DOS FRASES, UNA EN
SINGULAR Y LA OTRA EN PLURAL. USA EL VERBO SER. POR EJEMPLO:
WITH EACH NOUN WRITE TWO SENTENCES, ONE IN SINGULAR FORM AND
THE OTHER ONE IN PLURAL FORM. USE THE VERB SER. FOR EXAMPLE:

BOTELLA ——— LA BOTELLA ES ROJA
BOTTLE ——— LAS BOTELLAS SON ROJAS

1. SOPA
   SOUP ————————————

———————————————

2. SILLÓN
   ARMCHAIR ————————

———————————————

3. RELOJ
   WATCH ————————————

———————————————

4. MALETA
   SUITCASE ————————

———————————————

5. MANTEL————————————
   TABLECLOTH

———————————————

6. BEBÉ
   BABY ————————————

———————————————

7. NOVIA
   GIRLFRIEND ————————

———————————————

8. CALLE
   STREET ————————————

———————————————

9. PERIODISTA ————————
   JOURNALIST

———————————————

10. PISO
    FLOOR ————————————

———————————————

18. HACIENDO FRASES EN ESPAÑOL
DOING SENTENCES IN SPANISH

EJERCICIO: COMPLETA LAS SIGUIENTES FRASES USANDO EL ADJETIVO QUE ESTÁ ENTRE PARÉNTESIS, RECUERDA CAMBIAR EL FINAL DE LOS ADJETIVOS DE ACUERDO AL GÉNERO Y NÚMERO DEL SUJETO.

COMPLETE THE FOLLOWING SENTENCES USING THE ADJECTIVE THAT IS IN PARENTHESES. REMEMBER TO CHANGE THE END OF THE ADJECTIVE ACCORDING TO THE SINGULAR/PLURAL FORM AND GENDER OF THE SUBJECT.

1. .... SEÑORES SON .... (ATRACTIVO) **ATTRACTIVE**
2. LOS HOTELES SON .... (NUEVO) **NEW**
3. LA FLOR ES .... (BELLO) **BEAUTIFUL**
4. .... DÍA ESTÁ .... (FRÍO) **COLD**
5. EL TREN ES .... (RÁPIDO) **FAST**
6. .... PRIMAVERA ES .... (LINDO) **PRETTY**
7. .... CANCIONES SON .... (ROMÁNTICO) **ROMANTIC**
8. .... PELÍCULAS SON .... (DIVERTIDO) **ENTERTAINING**
9. .... VACA ES .... (GORDO) **FAT**
10. LOS POSTRES SON .... (DELICIOSO) **DELICIOUS**
11. EL INVIERNO ES MUY .... (LARGO) **LONG**
12. EL VERANO ES .... (CORTO) **SHORT**
13. LAS TARDES SON .... (HERMOSO) **GORGEOUS**
14. LA MAÑANA ESTÁ .... (OSCURO) **DARK**
15. LA NIEVE ES .... (BLANCO) **WHITE**
16. LAS TORRES SON MUY .... (ALTO) **TALL**
17. LOS HOTELES SON .... (COSTOSO) **EXPENSIVE**
18. EL PERRO ES EL MEJOR .... (AMIGO) FRIEND DEL HOMBRE.
19. LOS PARQUES SON .... (GRANDE) **LARGE**
20. .... CAJA ES .... (ROJO) **RED**
21. .... SEÑORA ES .... (VIEJO) **OLD**
22. .... ZAPATOS SON .... (NEGRO) **BLACK**
23. .... LIBROS SON .... (AMARILLO) **YELLOW**
24. .... PINTURA ES .... (FEO) **UGLY**
25. .... COCINA ESTÁ..................... (LIMPIO) **CLEAN**
26. EL OCÉANO ES .... (INMENSO) **IMMENSE**
27. ESOS MUEBLES SON .... (BARATO) **CHEAP**
28. .... NIÑO ES .... (DELGADO) **THIN**
29. .... PROGRAMAS SON .... (ABURRIDO) **BORING**
30. .... JOVEN ES .... (CHISTOSO) **FUNNY**

VOCABULARIO

CAJA: BOX
CANCIÓN: SONG
COCINA: KITCHEN
FLOR: FLOWER
INVIERNO: WINTER
JOVEN: YOUNG
LIBRO: BOOK
MUEBLES: FURNITURE
NIEVE: SNOW
NIÑO: LITTLE BOY
PARQUE: PARK
PELÍCULA: MOVIE
PINTURA: PAINTING
POSTRE: DESSERT
PRIMAVERA: SPRING
SEÑOR: GENTLEMAN
SEÑORA: LADY
TORRE: TOWER
TREN: TRAIN
VACA: COW
VERANO: SUMMER
ZAPATO: SHOE

19. USOS DEL VERBO ESTAR
USES OF THE VERB ESTAR

VERBO ESTAR TIEMPO PRESENTE	
Yo..................	ESTOY
Tú..................	ESTÁS
Ud.-Él-ella..	ESTÁ
Nosotros-as....	ESTAMOS
Vosotros-as.....	ESTÁIS
Ellos-ellas	
Uds..................	ESTÁN

ESTAR IS ONE OF THE TWO VERBS EQUIVALENT TO THE ENGLISH VERB "TO BE". ESTAR EXPRESSES **STATE OF BEING**, SUCH AS MOOD, LOCATION AND SITUATION

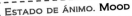

1. ESTADO DE ÁNIMO. MOOD

   ¿CÓMO ESTÁS? ESTOY MUY BIEN.

   HOW ARE YOU? I'M FINE

2. LOCALIZACIÓN. LOCATION

   LA CABAÑA ESTÁ EN CARTAGENA.

   THE CABIN IS IN CARTAGENA

3. CONDICIONES Y CIRCUNSTANCIAS QUE PUEDEN CAMBIAR:
   CONDITIONS AND CIRCUMSTANCES THAT CAN CHANGE

   ✓ TEMPERATURA. TEMPERATURE

   EL CAFÉ ESTÁ CALIENTE

   THE COFFEE IS HOT

   ✓ ABIERTO-A Y CERRADO-A

   OPEN AND CLOSED

   ✓ LLENO-A Y VACÍO-A

   FULL AND EMPTY

   ✓ LIMPIO-A Y SUCIO-A

   CLEAN AND DIRTY

4. OPINIÓN PERSONAL SOBRE LA COMIDA O LA APARIENCIA DE UNA PERSONA. PERSONAL OPINION ABOUT FOOD OR SOMEBODY'S APPEARANCE/LOOK.

   ESTE VINO ESTÁ BUENÍSIMO

   THIS WINE IS REALLY GOOD

   TÚ ESTÁS MUY LINDA HOY

   YOU LOOK PRETTY TODAY

5. EXPRESIONES COMO: EXPRESSIONS LIKE:

   ✓ ESTAR VIVO-A O MUERTO-A

   BEING ALIVE OR DEAD

   ✓ ESTAR DE ACUERDO.

   TO AGREE

6. PRESENTE Y PASADO PROGRESIVO
   PRESENT AND PAST PROGRESSIVE

   YO ESTOY ESTUDIANDO ESPAÑOL

   I'M STUDYING SPANISH

20. VERBO ESTAR: EXPRESANDO ESTADO DE ÁNIMO
THE VERB ESTAR: EXPRESSING MOOD

¿CÓMO ESTÁS?

VERBO ESTAR
TIEMPO PRESENTE

Yo.....................	ESTOY
Tú.....................	ESTÁS
Ud.-Él-ella..	ESTÁ
Nosotros-as....	ESTAMOS
Vosotros-as......	ESTÁIS
Ellos-ellas	
Uds..................	ESTÁN

ESTADO DE ÁNIMO
MOOD

¿CÓMO ESTÁN ELLOS?
HOW ARE THEY?

1. EJERCICIO:
MIRA LAS FOTOGRAFÍAS Y DÍ CÓMO ESTÁN LAS PERSONAS. RECUERDA CAMBIAR EL GÉNERO Y EL NÚMERO DEL ADJETIVO DE ACUERDO AL SUJETO.
LOOK AT THE PICTURES AND SAY HOW PEOPLE ARE, BY USING A FORM OF ESTAR. REMEMBER TO CHANGE THE SINGULAR/PLURAL FORM AND GENDER OF THE ADJECTIVE ACCORDIING TO THE SUBJECT.

ENOJADO
ANGRY
FELIZ
HAPPY
CANSADO
TIRED
ENAMORADO
IN LOVE
PREOCUPADO
WORRIED
TRISTE
SAD
ABURRIDO
BORED

1. LOS NIÑOS
THE KIDS

2. PEDRO

3. LUIS

LOS NIÑOS ESTÁN FELICES

4. ANITA Y JUAN

5. LINA

6. ALBERTO

7. MARCOS

20. VERBO ESTAR: EXPRESANDO ESTADO DE ÁNIMO
THE VERB ESTAR: EXPRESSING MOOD

¿Cómo estás?

VERBO ESTAR
TIEMPO PRESENTE

Yo......................	ESTOY
Tú......................	ESTÁS
Ud.-Él-ella..	ESTÁ
Nosotros-as....	ESTAMOS
Vosotros-as......	ESTÁIS
Ellos-ellas	
Uds....................	ESTÁN

ESTADO DE ÁNIMO
MOOD

¿CÓMO ESTÁN ELLOS?
HOW ARE THEY?

2. EJERCICIO:
COMPLETA LAS SIGUIENTES SITUACIONES CON EL ESTADO DE ÁNIMO ADECUADO.
CAMBIA EL GÉNERO Y EL NÚMERO DEL ADJETIVO DE ACUERDO AL SUJETO.
COMPLETE THE FOLLOWING DIALOGUE WITH THE APPROPIATE MOOD ACCORDING
TO EACH SITUATION. CHANGE THE GENDER AND THE SINGULAR/PLURAL FORM OF
THE ADJECTIVES ACCORDIING TO THE SUBJECT.

FELIZ	PREOCUPADO	ENOJADO	NERVIOSO	OCUPADO	CANSADO
HAPPY	WORRIED	MAD	NERVOUS	BUSY	TIRED

ENAMORADO	TRANQUILO
IN LOVE	QUIET

1. HERNANDO ESTÁ MUY _____ PORQUE SU HIJO VA A TENER UNA
OPERACIÓN EN LA PIERNA. **HIS SON IS GOING TO HAVE**
AN OPERATION ON HIS LEG.

2. TERESA ESTÁ _____ PORQUE MONTÓ BICICLETA POR 3 HORAS.
RODE BICYCLE FOR 3 HOURS.

3. LUCÍA, PATRICIA Y ANTONIO HOY ESTÁN _____, RESPONDIENDO
TODAS LAS CARTAS QUE LES ENVIARON SUS CLIENTES. **ANSWERING**
ALL THE LETTERS THAT WERE SENT BY THEIR CLIENTS.

4. MIS PADRES ESTÁN _____ YA QUE COMPRARON UNA CASA MUY
LINDA EN EL CAMPO. **SINCE THEY BOUGHT A PRETTY HOUSE**
IN THE COUNTRYSIDE.

5. SANDRA ESTÁ _____ CON SU ESPOSO, PORQUE ÉL OLVIDÓ SU
ANIVERSARIO DE MATRIMONIO. **HE FORGOT THEIR**
WEDDING ANNIVERSARY.

6. MARÍA, ¿TE VAS A CASAR MAÑANA? ¿ESTÁS _____?
ARE YOU GETTING MARRIED TOMORROW?

7. ESTE RESTAURANTE ESTÁ _____, POR ESO QUIERO CENAR AQUÍ.
THIS RESTAURANT IS THAT IS WHY I WANT TO HAVE
DINNER HERE.

8. MARCELA Y ROBERTO ESTÁN _____, POR ESO VAN A CASARSE EN
UN MES. **THAT IS WHY THEY ARE GOING**
TO GET MARRIED IN A MONTH.

POR FAVOR. ¿DÓNDE ESTÁ EL BAÑO?

21. VERBO ESTAR: PIDIENDO DIRECCIONES
THE VERB ESTAR: ASKING FOR DIRECTIONS

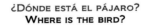

PALABRAS DE LOCALIZACIÓN
LOCATION WORDS

VERBO ESTAR
TIEMPO PRESENTE

Yo..................	ESTOY
Tú..................	ESTÁS
Ud.-ÉL-ELLA..	ESTÁ
Nosotros-as....	ESTAMOS
Vosotros-as......	ESTÁIS
Ellos-ellas	
Uds..................	ESTÁN

¿DÓNDE ESTÁ EL PÁJARO?
WHERE IS THE BIRD?

3. EJERCICIO:
ESCRIBE LA LOCALIZACIÓN DEBAJO DE CADA DIBUJO.
WRITE THE LOCATION UNDER EACH DRAWING.

ADENTRO	AFUERA	A LA DERECHA	A LA IZQUIERDA
INSIDE	**OUTSIDE**	**TO THE RIGHT**	**TO THE LEFT**

1. EL PÁJARO ESTÁ _____ DE LA JAULA.   2. EL PÁJARO ESTÁ _____ DE LA JAULA.

3. EL PÁJARO ESTÁ A LA _____ DE LA FLOR.   4. EL PÁJARO ESTÁ A LA _____ DE LA FLOR.

4. EJERCICIO:
COMPLETA LAS SIGUIENTES ORACIONES CON PALABRAS DE LOCALIZACIÓN. **COMPLETE THE FOLLOWING SENTENCES WITH LOCATION WORDS.**

1. AUSTRALIA ESTÁ _____ DE VENEZUELA.

2. PERÚ ESTÁ _____ DE BOLIVIA.

3. MI LIBRO ESTÁ _____, EN MIS MANOS.
   MY BOOK IS   HERE, IN MY HANDS.

4. LA FARMACIA ESTÁ _____, EN LA ESQUINA.
   THE PHARMACY IS   THERE, ON THE CORNER.

AQUÍ	ACÁ
HERE	**OVER HERE**
ALLÍ - AHÍ	ALLÁ
THERE	**OVER THERE**
LEJOS	CERCA
FAR	**CLOSE**

21. VERBO ESTAR: PIDIENDO DIRECCIONES
THE VERB ESTAR: ASKING FOR DIRECTIONS

POR FAVOR.
¿DÓNDE ESTÁ
EL BAÑO?

5. EJERCICIO:
COMPLETA LAS SIGUIENTES FRASES CON LAS PALABRAS DE LOCALIZACIÓN DEL CUADRO.
COMPLETE THE FOLLOWING SENTENCES WITH THE LOCATION WORDS ON THE TABLE.

LA NIÑA
THE LITTLE GIRL

EL PERRO
THE DOG

EL PÁJARO
THE BIRD

EL MALETÍN
THE HANDBAG

LA ARDILLA
THE SQUIRREL

¡SALUD!
CHEERS!

UN BRINDIS EN ESPAÑOL
A TOAST IN SPANISH

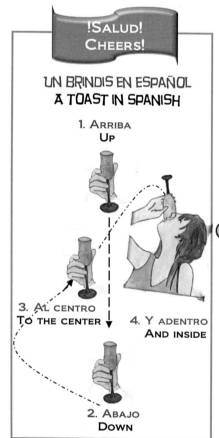

1. ARRIBA
UP

3. AL CENTRO
TO THE CENTER

4. Y ADENTRO
AND INSIDE

2. ABAJO
DOWN

ENCIMA	DETRÁS	EN	DEBAJO(2)
ON TOP	BEHIND	IN	UNDER
		ON	UNDERNEATH
AL LADO		AT	BELOW
NEXT TO			
BESIDE			

1. EL PERRO ESTÁ _____ DE LA MESA
   Y _____ _____ DE LA NIÑA

2. EL PÁJARO ESTÁ _____ EL HOMBRO
   DE LA NIÑA.

3. LA ARDILLA ESTÁ _____ DE LA
   MESA.

4. LA NIÑA ESTÁ _____ DE LA MESA.

5. EL MALETÍN ESTÁ _____ DE LA
   MESA

22. LA CASA: VOCABULARIO
THE HOUSE: VOCABULARY

VERBO ESTAR
TIEMPO PRESENTE

Yo..............	ESTOY
Tú..............	ESTÁS
Ud.-Él-ella..	ESTÁ
Nosotros-as....	ESTAMOS
Vosotros-as......	ESTÁIS
Ellos-ellas	
Uds................	ESTÁN

LA CASA
THE HOUSE

6. EJERCICIO:
MIRA LA ILUSTRACIÓN DE LA CASA Y COLOCA LAS PALABRAS CORRESPONDIENTES EN ESPAÑOL.
LOOK AT THE HOUSE ILLUSTRATION AND PLACE THE CORRESPONDING SPANISH WORDS.

EL ARMARIO - LA BAÑERA - EL BAÑO - LA CAMA - LA COCINA
EL COMEDOR - EL DORMITORIO - LA ESCALERA - EL ESPEJO - LA ESTUFA
LOS GABINETES - EL HORNO - EL INODORO - LA LÁMPARA - EL LAVAMANOS
LA MESA - LA NEVERA - LA PARED - LA PUERTA - LA REPISA - LA SALA
LA SILLA - EL SILLÓN - EL SOFÁ - EL TAPETE - LA VENTANA

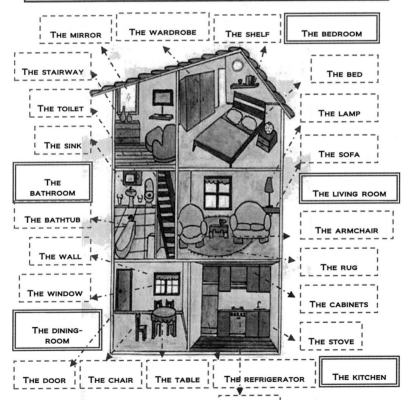

THE MIRROR · THE WARDROBE · THE SHELF · THE BEDROOM

THE STAIRWAY · THE BED

THE TOILET · THE LAMP

THE SINK · THE SOFA

THE BATHROOM · THE LIVING ROOM

THE BATHTUB · THE ARMCHAIR

THE WALL · THE RUG

THE WINDOW · THE CABINETS

THE DINING-ROOM · THE STOVE

THE DOOR · THE CHAIR · THE TABLE · THE REFRIGERATOR · THE KITCHEN

THE OVEN

23. EL VERBO ESTAR: SITUACIONES Y MOMENTOS
THE VERB ESTAR: SITUATIONS AND MOMENTS

¿Cómo está...?

VERBO ESTAR
TIEMPO PRESENTE

Yo......................	ESTOY
Tú......................	ESTÁS
Ud.-Él-Ella..	ESTÁ
Nosotros-as....	ESTAMOS
Vosotros-as......	ESTÁIS
Ellos-Ellas	
Uds......................	ESTÁN

7. EJERCICIO:
COMPLETA LAS SIGUIENTES FRASES QUE REPRESENTAN SITUACIONES OPUESTAS. USA LAS PALABRAS DE LA TABLA. CAMBIA EL GÉNERO Y EL NÚMERO DEL ADJETIVO DE ACUERDO AL SUJETO.
COMPLETE THE FOLLOWING SENTENCES THAT REPRESENT OPPOSITE SITUATIONS. USE THE WORDS ON THE TABLE. CHANGE THE GENDER AND THE SINGULAR/PLURAL FORM OF THE ADJECTIVES ACCORDING TO THE SUBJECT.

SUCIO — LIMPIO
DIRTY-CLEAN
ABIERTO — CERRADO
OPEN-CLOSED
NUEVO - VIEJO
NEW-OLD
ORDENADO-DESORDENADO
ORGANIZED-DISORGANIZED
LLENO-VACÍO
FULL-EMPTY

1. LA VENTANA ESTÁ
_____

2. LA VENTANA ESTÁ
_____

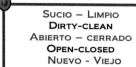

3. ESTE CUARTO ESTÁ
_____

4. ESTE CUARTO ESTÁ
_____

5. EL ARMARIO ESTÁ
_____

6. EL ARMARIO ESTÁ
_____

7. ESTA CAMISETA ESTÁ
_____

8. ESTA CAMISETA ESTÁ
_____

9. EL ZAPATO ESTÁ
_____

10. EL ZAPATO ESTÁ
_____

23. EL VERBO ESTAR: SITUACIONES Y MOMENTOS
THE VERB ESTAR: SITUATIONS AND MOMENTS

ROTO VS DAÑADO
-USE ROTO IF SOMETHING
IS PHYSICALLY BROKEN
INTO PIECES AND HOLES.
-USE DAÑADO WHEN A
MACHINE OR SOMETHING
DOESN'T WORK.

VERBO ESTAR
TIEMPO PRESENTE

YO...................	ESTOY
TÚ....................	ESTÁS
UD.-ÉL-ELLA..	ESTÁ
NOSOTROS-AS....	ESTAMOS
VOSOTROS-AS......	ESTÁIS
ELLOS-ELLAS	
UDS..................	ESTÁN

LA COPA ESTÁ ROTA VS. EL CARRO ESTÁ DAÑADO

8. EJERCICIO:
A CONTINUACIÓN ENCONTRARÁS DOS COLUMNAS, LA PRIMERA ES UNA
LISTA DE SUJETOS Y LA OTRA DE ADJETIVOS. RELACIONA CADA SUJETO
CON LA PAREJA DE ADJETIVOS CORRESPONDIENTES, RELACIONANDO EL
GÉNERO Y EL NÚMERO DE LOS SUJETOS CON LOS ADJETIVOS.
THE FIRST COLUMN IS SUBJECTS OR NOUNS AND THE OTHER IS ADJECTIVES.
MATCH EACH SUBJECT WITH THE COUPLE OF CORRESPONDING ADJECTIVES.
REMEMBER TO MATCH THE GENDER AND THE SINGULAR/PLURAL FORM OF
BOTH SUBJECTS AND ADJECTIVES.

ADJETIVOS
ABIERTAS — CERRADAS
OPEN-CLOSED
SUCIO — LIMPIO
DIRTY-CLEAN
LLENA-VACÍA
FULL-EMPTY
OCUPADOS — DESOCUPADOS
BUSY-FREE
VIVA — MUERTA
ALIVE-DEAD
DAÑADO — BIEN
BROKEN-WELL

SUJETOS
EL RELOJ: THE WATCH/CLOCK
LOS TELÉFONOS: THE TELEPHONES
LAS DROGUERÍAS: THE DRUGSTORES
EL PISO: THE FLOOR
LA COPA: THE GLASS
LA ARAÑA: THE SPIDER

9. EJERCICIO:
AHORA ESCRIBE UNA FRASE CON CADA SUJETO DEL EJERCICIO ANTERIOR Y SUS
CORRESPONDIENTES ADJETIVOS, EN FORMA NEGATIVA Y POSITIVA, COMO EN EL
SIGUIENTE EJEMPLO: NOW WRITE A SENTENCE WITH EACH SUBJECT FROM THE
PREVIOUS EXERCISE, AND ITS CORRESPONDING ADJECTIVES, IN NEGATIVE AND
POSITIVE FORM, AS IN THE FOLLOWING EXAMPLE:

EL RELOJ NO ESTÁ DAÑADO, ESTÁ BIEN.
THE WATCH IS NOT BROKEN, IT'S WELL.

1. _____

2. _____

3. _____

4. _____

5. _____

24. VERBO ESTAR: EXPRESIONES
THE VERB ESTAR: EXPRESSIONS

VERBO ESTAR
TIEMPO PRESENTE

Yo...............	ESTOY
Tú...............	ESTÁS
Ud.-Él.-ella..	ESTÁ
Nosotros-as....	ESTAMOS
Vosotros-as......	ESTÁIS
Ellos-ellas	ESTÁN
Uds..............	

1. Estar listo-a: To be ready
Yo estoy lista para la fiesta.
I'm ready for the party.

2. Estar seguro-a de: To be sure
Él no está seguro de casarse.
He's not sure about getting married

3. Estar vivo-a: To be alive
¿Tus abuelos están vivos?
Are your grandparents alive?

4. Estar muerto-a: To be dead
El mosco está muerto.
The fly is dead.

5. Estar de acuerdo con: To agree
WITH
No estamos de acuerdo con el jefe.
We don't agree with the boss

6. Estar por: To be about to
Estoy por llegar a la escuela.
I'm about to arrive at the school.

7. Estar a punto de: To be about to
Ella está a punto de llorar.
She is about to cry.

8. Estar de vacaciones: To be on
VACATION
Mis tíos están de vacaciones en Perú
My uncle and aunt are on vacation in Perú.

9. Estar de regreso: To be back
¿Estás de regreso el próximo lunes?
Are you back next Monday?

10. Estar acostado: To be lying down.
Ellas están acostadas
They are lying down

11. Estar de pie o parado-a: To be
STANDING
La profesora esta de pie
The teacher is standing

12. Estar de rodillas o arrodillado-a:
To be kneeling
El novio esta de rodillas
The groom is kneeling

13. Estar sentado-a: To be sitting.
La novia esta sentada
The bride is sitting

10. Ejercicio:
Traduce al español: **Translate to spanish**

1. We are ready _____

2. Víctor is on vacation _____

3. I don't agree with my neighbors _____

4. Her cat is alive _____

5. You are about to finish your homework _____

6. I'm not sure about the price _____

7. My parents are back tomorrow _____

8. Are you guys lying on the beach? _____

9. The patient is standing _____

10. Students are now sitting_____

11. We are kneeling _____

25. ¿QUÉ ESTÁ PASANDO?
WHAT IS IT GOING ON?

ESTÁ LLOVIENDO
IT IS RAINING

> PRESENTE PROGRESIVO
> **PRESENT PROGRESSIVE**

THIS TENSE EXPRESSES WHAT IS HAPPENING RIGHT NOW. AS IN ENGLISH, THERE ARE TWO PARTS, THE AUXILIARY TO BE AND A VERB ENDING IN ING (VERB IN GERUND)

ESTE TIEMPO EXPRESA LO QUE ESTÁ PASANDO AHORA MISMO Y LA FÓRMULA ES:

VERBO ESTAR **+** VERBO EN GERUNDIO (VERB ING)
EN TIEMPO PRESENTE   To OBTAIN THIS FORM:

Yo....................	ESTOY
TÚ.....................	ESTÁS
UD.-ÉL-ELLA..	ESTÁ
NOSOTROS-AS....	ESTAMOS
VOSOTROS-AS......	ESTAIS
ELLOS-ELLAS UDS...................	ESTÁN

IN SPANISH WE CLASSIFY OUR INFINITIVE VERBS (VERBS IN BASIC FORM) INTO THREE GROUPS ACCORDING TO THE ENDS. THE FIRST GROUP ENDS IN AR, THE SECOND IN ER AND THE THIRD IN IR. TO FORM GERUND (ING VERB) DO THE FOLLOWING:

AR VERBS: DROP THE AR AND ADD ANDO
CANTAR: CANTANDO
TO SING: SINGING

ER-IR VERBS: DROP THE ER OR IR AND ADD IENDO
COMER: COMIENDO   VIVIR: VIVIENDO
TO EAT: EATING   TO LIVE: LIVING

CASOS ESPECIALES: SPECIAL CASES

CREER: CREYENDO	DORMIR: DURMIENDO
TO BELIEVE: BELIEVING	TO SLEEP: SLEEPING
LEER: LEYENDO	OIR: OYENDO
TO READ: READING	TO HEAR: HEARING

EJERCICIO:
DÍ Y ESCRIBE EL GERUNDIO DE LOS VERBOS:
SAY AND WRITE THE GERUND OF THE VERBS.

HABLAR: TO SPEAK	HABLANDO SPEAKING	APRENDER: TO LEARN	APRENDIENDO LEARNING	ABRIR: TO OPEN	ABRIENDO OPENING
AMAR: TO LOVE	--------------	BEBER: TO DRINK	--------------	ASISTIR A: TO ATTEND	--------------
CAMINAR: TO WALK	--------------	COMER: TO EAT	--------------	DECIDIR: TO DECIDE	--------------
BAILAR: TO DANCE	--------------	CORRER: TO RUN	--------------	DISCUTIR: TO DISCUSS	--------------
COMPRAR: TO BUY	--------------	CREER: TO BELIEVE	--------------	ESCRIBIR: TO WRITE	--------------
ESCUCHAR: TO LISTEN	--------------	LEER: TO READ	--------------	PERMITIR: TO ALLOW/TO PERMIT	--------------
TOMAR: TO DRINK/TO TAKE	--------------	VENDER: TO SELL	--------------	SUFRIR: TO SUFFER	--------------

26. HABLANDO POR TELÉFONO.... ¿ALÓ?
TALKING ON THE PHONE...... HELLO?

VERBO ESTAR
TIEMPO PRESENTE

Yo...................	ESTOY
Tú...................	ESTÁS
Ud.-Él-ella...	ESTÁ
Nosotros-as....	ESTAMOS
Vosotros-as......	ESTÁIS
Ellos-ellas	
Uds..................	ESTÁN

PRESENTE PROGRESIVO
PRESENT PROGRESSIVE

¿QUÉ ESTÁS HACIENDO?
WHAT ARE YOU DOING?

MARÍA:
¿ALÓ?
HELLO?

JUAN:
SÍ. ¿ALÓ? POR FAVOR ¿PUEDO HABLAR CON MARÍA?
YES, HELLO? PLEASE, CAN I SPEAK WITH MARÍA?

MARÍA:
SÍ, ELLA HABLA
YES, SHE SPEAKS.

JUAN:
HOLA MARÍA, ¿CÓMO ESTÁS?
HELLO MARÍA. HOW ARE YOU?

MARÍA:
BIEN Y ¿TÚ?
WELL AND YOU?

JUAN:
!SUPER BIEN! Y ¿QUÉ ESTÁS HACIENDO?
GREAT!   WHAT ARE YOU DOING?

MARÍA:
ESTOY VIENDO TELEVISIÓN EN COMPAÑÍA DE MI GATICA. Y ¿TÚ? ¿EN QUÉ ANDAS?
I AM WATCHING TV WITH MY LITTLE CAT, AND YOU? WHAT ARE YOU DOING?

JUAN:
!OH! ¿YO? PUES... REALMENTE ESTOY PENSANDO MUCHO EN TI Y POR ESO ESTOY LLAMÁNDOTE. QUISIERA VERTE HOY Y SALIR CONTIGO. ¿VAMOS A BAILAR ESTA NOCHE?
OH! ME? WELL... ACTUALLY, I AM THINKING A LOT ABOUT YOU AND THAT IS WHY I'M CALLING. I'D LIKE TO SEE YOU TODAY AND TO GO OUT WITH YOU THIS EVENING. LET'S GO DANCING TONIGHT?

MARÍA:
SÍ, ME ENCANTA LA IDEA. ME ENCANTARÍA SALIR CONTIGO ESTA NOCHE, ¿A QUÉ HORA NOS VEMOS?
YES, I LOVE THE IDEA. I'D LOVE TO GO OUT WITH YOU THIS EVENING. ¿AT WHAT TIME SHALL WE MEET?

JUAN:
VEÁMONOS A LAS 9 DE LA NOCHE, YO TE RECOJO EN TU CASA. ¿CÓMO TE PARECE? LET'S MEET AT 9 IN THE EVENING, I'LL PICK YOU UP AT YOUR HOUSE, ¿WHAT DO YOU THINK?

MARÍA:
PERFECTO, NOS VEMOS A LAS 9, HASTA LUEGO.
PERFECT, I'LL SEE YOU AT 9, SEE YOU LATER.

26. HABLANDO POR TELÉFONO.... ¿ALÓ?
TALKING ON THE PHONE...... HELLO?

VERBO ESTAR
TIEMPO PRESENTE

Yo....................	ESTOY
Tú....................	ESTÁS
Ud.-ÉL-ELLA..	ESTÁ
Nosotros-as....	ESTAMOS
Vosotros-as.....	ESTÁIS
Ellos-ellas	
Uds....................	ESTÁN

PRESENTE PROGRESIVO
PRESENT PROGRESSIVE

¿QUÉ ESTÁS HACIENDO?
WHAT ARE YOU DOING?

EJERCICIO:
AHORA TE TOCA A TI, HABLA POR TELÉFONO CON MANUEL, COMPLETANDO
LAS FRASES INCOMPLETAS E INVÍTALO A UNA FIESTA ESTA NOCHE.
NOW IT'S YOUR TURN, TALK ON THE PHONE WITH MANUEL, COMPLETING
THE SENTENCES, AND INVITE HIM TO GO OUT TO A PARTY THIS EVENING.

MANUEL: _____
HELLO?

ESTUDIANTE: SÍ, ¿ALÓ? POR FAVOR ¿_____ _____ CON MANUEL?
CAN I SPEAK WITH MANUEL?

MANUEL: SÍ. ____ _____
YES, HE SPEAKS

ESTUDIANTE: HOLA MANUEL, ¿CÓMO ESTÁS?
HELLO MANUEL. HOW ARE YOU?

MANUEL: BIEN Y ¿TÚ?
WELL AND YOU?

ESTUDIANTE: !SUPER BIEN! Y ¿_____ _____ _____?
GREAT! WHAT ARE YOU DOING?

MANUEL: _____ _____ UNA PAELLA PARA LA CENA.
I AM COOKING PAELLA FOR DINNER.
Y ¿TÚ? ¿EN QUÉ ANDAS?
AND YOU? WHAT ARE YOU DOING?

ESTUDIANTE: !OH! ¿YO? PUES... REALMENTE _____ _____ MUCHO EN TI
OH! ME? WELL... ACTUALLY, I AM THINKING A LOT ABOUT YOU
Y POR ESO _____ _____TE. QUISIERA IR CONTIGO A UNA
FIESTA.
AND THAT IS WHY I'M CALLING YOU. I'D LIKE TO GO WITH YOU TO A
PARTY.
¿VAMOS A LA FIESTA ESTA NOCHE?
ARE WE GOING TO THE PARTY TONIGHT?

MANUEL: SÍ, ME ENCANTA LA IDEA. ¿A QUÉ HORA NOS VEMOS?
YES, I LOVE THE IDEA. ¿AT WHAT TIME SHALL WE MEET?

ESTUDIANTE: VEÁMONOS A LAS 9 DE LA NOCHE, YO TE RECOJO EN TU CASA.
LET'S MEET AT 9 IN THE EVENING, I'LL PICK YOU UP AT YOUR HOUSE.
¿CÓMO TE PARECE?
¿WHAT DO YOU THINK?

MANUEL: PERFECTO, NOS VEMOS A LAS 9. HASTA LUEGO.
PERFECT, I'LL SEE YOU AT 9, SEE YOU LATER.

---

27. DESCRIBIENDO LA FIESTA DE CUMPLEAÑOS
DESCRIBING THE BIRTHDAY PARTY

VERBO ESTAR
TIEMPO PRESENTE

FELIZ CUMPLEAÑOS
HAPPY BIRTHDAY

VERBO ESTAR	
TIEMPO PRESENTE	
Yo..................	ESTOY
Tú..................	ESTÁS
Ud.-Él-ella..	ESTÁ
Nosotros-as....	ESTAMOS
Vosotros-as......	ESTÁIS
Ellos-ellas	
Uds.................	ESTÁN

PRESENTE PROGRESIVO
PRESENT PROGRESSIVE

EJERCICIO:
AHORA DESCRIBE LO QUE LAS PERSONAS ESTÁN HACIENDO EN LA
FIESTA. MIRA LOS VERBOS DEL SIGUIENTE CUADRO.
DESCRIBE WHAT PEOPLE ARE DOING AT THE PARTY. LOOK AT THE
VERBS IN THE FOLLOWING TABLE.

¿ QUÉ ESTÁN HACIENDO ELLOS?

BAILAR	COMER	CHARLAR	DORMIR	SOPLAR
TO DANCE	TO EAT	TO CHAT	TO SLEEP	TO BLOW

1. ELLA _____ _____ LAS VELAS

2. ELLOS _____ _____

3. ELLOS _____ _____

4. ELLOS _____ _____

5. ÉL _____ _____

28. ¿SER O ESTAR?

LOOK AT THE DIFFERENCE BETWEEN SER AND ESTAR ON THE PAGE 11

Yo...............	SOY
Tú...............	ERES
Ud.-Él.-ella..	ES
Nosotros-as....	SOMOS
Vosotros-as....	SOIS
Ellos-ellas	
Uds...............	SON

Yo...............	ESTOY
Tú...............	ESTÁS
Ud.-Él.-ella..	ESTÁ
Nosotros-as....	ESTAMOS
Vosotros-as....	ESTÁIS
Ellos-ellas	
Uds...............	ESTÁN

EJERCICIO:
SUBRAYA LA RESPUESTA CORRECTA Y EXPLICA LA RAZÓN DE TU ESCOGENCIA: **UNDERLINE THE CORRECT ANSWER AND EXPLAIN YOUR CHOICE.**

1. ESTOS QUESOS SON-ESTÁN FRESCOS.

2. MIS OJOS SON-ESTÁN VERDES.

3. JULIO ES-ESTÁ DE ESPAÑA.

4. YO SOY-ESTOY EN LA PLAYA.

5. NOSOTROS SOMOS-ESTAMOS HERMANOS.

6. ELLOS NO SON-ESTÁN DE ACUERDO.

7. HOY ES-ESTÁ JUEVES.

8. OBAMA ES-ESTÁ EL PRESIDENTE.

9. TÚ ERES-ESTÁS PREOCUPADA.

10. MI CARRO ES-ESTÁ DESORDENADO.

11. LOS GATOS SON-ESTÁN JUGANDO.

12. GRACIAS, LA COMIDA ES-ESTÁ DELICIOSA.

29. HABLANDO EN TIEMPO PRESENTE
SPEAKING IN THE PRESENT TENSE

- PRESENT TENSE IS USED TO EXPRESS PRESENT HABITS OR CUSTOMS AND ONGOING ACTIONS.

- SPANISH ORGANIZES ITS INFINITIVE OR BASIC FORM OF THE VERBS IN THREE GROUPS ACCORDING TO THE END OF THE VERB: THE FIRST GROUP ENDS IN AR, THE SECOND IN ER AND THE THIRD IN IR.

- INFINITIVE VERBS IN ENGLISH HAVE "TO" BEFORE THE VERB, FOR EXAMPLE: TO WORK.

- IN SPANISH, TO SPEAK IN THE PRESENT TENSE WE HAVE TO DROP THE END OF THE INFINITIVE VERB (AR, ER OR IR) AND REPLACE IT BY A SPECIFIC ENDING ACCORDING TO THE PRONOUN.

	AR	ER	IR
YO	O	O	O
TÚ	AS	ES	ES
ÉL ELLA USTED	A	E	E
NOSOTROS-AS	AMOS	EMOS	IMOS
VOSOTROS-AS	AIS	EIS	ÍS
USTEDES ELLOS ELLAS	AN	EN	EN

EXPRESIONES PARA TIEMPO PRESENTE

ALGUNAS VECES:	SOMETIMES
A VECES:	AT TIMES
DE VEZ EN CUANDO:	FROM TIME TO TIME
UNA VEZ:	ONE TIME/ONCE
DOS VECES:	TWICE
EL LUNES:	ON MONDAY
LOS LUNES/TODOS LOS LUNES:	ON MONDAYS/EVERY MONDAY
TODOS LOS DÍAS:	EVERYDAY
NUNCA:	NEVER
SIEMPRE:	ALWAYS
GENERALMENTE:	GENERALLY
NORMALMENTE:	USUALLY
USUALMENTE:	USUALLY

caballo de mar

29. HABLANDO EN TIEMPO PRESENTE
SPEAKING IN THE PRESENT TENSE

Un ejemplo de conjugación:
An example of conjugation:

	To love	To eat	To live
	amAR	comER	vivIR
YO	amO	comO	vivO
TÚ	amAS	comES	vivES
ÉL ELLA UD.	amA	comE	vivE
NOSOTROS-AS	amAMOS	comEMOS	vivIMOS
VOSOTROS-AS	amÁIS	comÉIS	vivÍS
UDS. ELLOS ELLAS	amAN	comEN	vivEN

Caballo de mar

AR	ER	IR
AMAR: To love people and PETS	APRENDER: To learn	ABRIR: To open
ABRAZAR: To hug, to EMBRACE	BEBER: To drink	ASISTIR A: To attend
ACARICIAR: To pet TO CARESS	COMER: To eat	COMPARTIR: To SHARE
BAILAR: To dance	COMETER UN ERROR: To make a mistake	CUBRIR: To cover
BESAR: to kiss	CORRER: To run	DECIDIR: To decide
BUSCAR: To look for TO SEARCH	CREER: To believe	DESCRIBIR: To DESCRIBE
CAMINAR: To walk	DEBER: To owe MUST	DESCUBRIR: To DISCOVER
CANTAR: To sing	LEER: To read	DISCUTIR: To discuss
COCINAR: To cook	METER EN: To put into	ESCRIBIR: To write
COMPRAR: To buy	RESPONDER: To ANSWER	EXISTIR: To exist
COQUETEAR: To flirt	ROMPER: To break	PARTIR: To Split
CHARLAR: To chat	VENDER: To sell	PERMITIR: To permit
ENTRAR: To come into TO go into		RECIBIR: To receive
ENVIAR: To send		SUBIR: To climb TO go up
ESCUCHAR: To listen to		SUFRIR: To suffer
ESPERAR: To wait TO hope		VIVIR: To live
ESTUDIAR: To study		
HABLAR: To speak		
LLEGAR A: To arrive in		
LLEVAR: To carry TO take		
MANDAR: To command TO send		
MIRAR: To look		
MONTAR: To ride		
NECESITAR: To need		
PAGAR: To pay		
PRACTICAR: To practice		
PREPARAR: To prepare		
TOCAR: To touch TO play an INSTRUMENT		
TOMAR: To drink TO take pills, TO take a taxi		
TRABAJAR: To work		

caballo de mar

30. PRACTICANDO TIEMPO PRESENTE
PRACTICING THE PRESENT TENSE

VERBOS QUE TERMINAN EN AR

1. EJERCICIO: TRADUCE LAS SIGUIENTES FRASES, USANDO LOS VERBOS REGULARES QUE TERMINAN EN AR.
TRANSLATE THE FOLLOWING SENTENCES USING REGULAR VERBS ENDING IN AR.

1. _____
   I LOVE MY BOYFRIEND

2. _____
   YOU DANCE MERENGUE
   FAMILIAR

3. _____
   SHE LOOKS FOR HER MONEY

4. _____
   WE WALK ON THE BEACH

5. _____
   ALL OF YOU SING WELL
   FORMAL

6. _____
   THEY DON'T BUY BREAD

7. _____
   SUSANA AND MARIA GO INTO THE
   KITCHEN

8. _____
   ALL OF YOU LISTEN TO MUSIC
   FORMAL

9. _____
   MIGUEL AND I WAIT FOR THE BUS

10. _____
    HE DOESN'T STUDY SPANISH

11. _____
    YOU SPEAK FAST
    FORMAL

12. _____
    I ARRIVE IN MIAMI

13. _____
    ALL OF YOU CARRY BOXES
    FORMAL

14. _____
    YOU LOOK AT THE OCEAN
    FAMILIAR

15. _____
    THEY PAY FOR FOOD

16. _____
    SHE DOESN'T PRACTICE

17. _____
    YOU DON'T PET DOGS
    FORMAL

18. _____
    YOU TOUCH THE FLOWER
    FAMILIAR

19. _____
    WE TAKE A TAXI

20. _____
    ALL OF YOU WORK AT THE MUSEUM
    FORMAL

21. _____
    SHE DOESN'T SEND POSTCARDS

22. _____
    WE TAKE VITAMINS

23. _____
    ALL OF YOU PLAY THE PIANO
    FORMAL

24. _____
    THEY TALK BY PHONE

25. _____
    I NEED A GLASS OF WATER

26. _____
    HE CHATS WITH HIS BROTHER

27. _____
    MY HUSBAND AND I COOK RICE

28. _____
    THEY SING A SONG

29. _____
    I DON'T DANCE SALSA

30. _____
    YOU LOVE YOUR DOG
    FAMILIAR

31. _____
    ALL OF YOU DON'T LISTEN
    FORMAL

32. _____
    THE GROOM KISSES THE BRIDE

30. PRACTICANDO TIEMPO PRESENTE
PRACTICING THE PRESENT TENSE

2. EJERCICIO:
TRADUCE LAS SIGUIENTES FRASES, USANDO LOS VERBOS REGULARES QUE TERMINAN EN ER E IR
TRANSLATE THE FOLLOWING SENTENCES USING REGULAR VERBS ENDING IN ER AND IR.

VERBOS QUE TERMINAN EN **ER**	VERBOS QUE TERMINAN EN **IR**

1. _____
   I EAT MEAT

2. _____
   YOU DON'T DRINK BEER
FAMILIAR

3. _____
   SHE RUNS THROUGH THE PARK

4. _____
   WE LEARN SPANISH

5. _____
   ALL OF YOU BELIEVE IN GHOSTS.
    FORMAL

6. _____
   EVERYBODY MAKES MISTAKES

7. _____
   I DON'T READ THE NEWSPAPER

8. _____
   YOU MUST LEARN
FORMAL

9. _____
   MIGUEL OWES ONE DOLAR

10. _____
   MY SISTER AND I SELL SHOES

11. _____
   ALL OF YOU BREAK THE RULES
    FORMAL

12. _____
   THE COOK PUTS THE CHICKEN INTO THE OVEN

13. _____
   YOU DON'T EAT VEGETABLES
FAMILIAR

14. _____
   I BELIEVE

15. _____
   THEY PUT COOKIES INTO THE BOX

16. _____
   NOBODY ANSWERS.

1. _____
   YOU DON'T OPEN THE DOOR.
FORMAL

2. _____
   YOU ATTEND THE SCHOOL.
FAMILIAR

3. _____
   WE COVER THE TABLES.

4. _____
   ALL OF YOU DECIDE THE DATE.
    FORMAL

5. _____
   THE BOOK DESCRIBES THE PROCESS.

6. _____
   THEY DISCUSS THE SUBJECT.

7. _____
   WE WRITE LETTERS.

8. _____
   DINOSAURS DON'T EXIST TODAY.

9. _____
   I DISCOVER MISTAKES.

10. _____
   MY BOSS DOESN'T PERMIT TALKING.

11. _____
   SHE RECEIVES PRESENTS.

12. _____
   CATS CLIMB THE TREE.

13. _____
   THEY SUFFER WITH ALLERGIES.

14. _____
   YOU LIVE WITH YOUR BROTHER.
FAMILIAR

15. _____
   ALL OF YOU OPEN THE STORE
    FORMAL

16. _____
   I RECEIVE INFORMATION

30. PRACTICANDO TIEMPO PRESENTE: ESTOY ENAMORADA
PRACTICING THE PRESENT TENSE: I AM IN LOVE

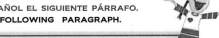

3. EJERCICIO: TRADUCE AL ESPAÑOL EL SIGUIENTE PÁRRAFO.
TRANSLATE THE FOLLOWING PARAGRAPH.

VOCABULARIO:

AFFECTIONATE: CARIÑOSO-A
BEACH: LA PLAYA
BREAD: EL PAN
BUSINESS: LOS NEGOCIOS
BUT: PERO
BUTTER: LA MANTEQUILLA
BREAKFAST: EL DESAYUNO
DISHES: LOS PLATOS
EGG: EL HUEVO
EXCITEMENT: EMOCIÓN
MAIN MEAL: LA COMIDA PRINCIPAL
NOW: AHORA

OF COURSE: POR SUPUESTO
ORANGE JUICE: JUGO DE NARANJA
SOCIAL WORKER: TRABAJADOR SOCIAL
TOGETHER: JUNTOS-AS
TO BE IN LOVE WITH: ESTAR ENAMORADO-A DE
TO HAVE BREAKFAST: DESAYUNAR
TO HAVE DINNER: CENAR
TO HAVE FUN: DISFRUTAR- PASAR BIEN
TO HAVE LUNCH: ALMORZAR
TO RETURN: REGRESAR
TO SPEND TIME: PASAR EL TIEMPO
WEEKEND: FIN DE SEMANA

I'M IN LOVE

HELLO, MY NAME IS ALEJANDRA, I'M COLOMBIAN, NOW I LIVE IN MIAMI BEACH BY MYSELF. I'M SINGLE BUT I HAVE A BOYFRIEND AND I'M IN LOVE WITH HIM. HE IS FROM BOSTON, HE LIVES IN BOCA RATON, AND HE IS A SOCIAL WORKER. I STUDY BUSINESS DURING THE DAY AND I WORK IN A RESTAURANT IN THE EVENING. I LIVE CLOSE TO THE BEACH. EVERY MORNING I DRINK COFFEE, OF COURSE, COLOMBIAN COFFEE. THEN, I WALK OR RUN ON THE BEACH. WHEN I RETURN HOME, I PREPARE MY BREAKFAST. I ALWAYS DRINK ORANGE JUICE, EAT FRUIT AND BREAD WITH BUTTER AND MARMALADE. SOMETIMES, I EAT AN EGG. MY BREAKFAST IS BIG BECAUSE I BELIEVE THAT IT'S THE MAIN MEAL OF THE DAY.

I ALWAYS WAIT FOR THE WEEKEND WITH EXCITEMENT BECAUSE MY BOYFRIEND AND I SPEND TIME TOGETHER. WE HAVE FUN. WE HAVE LUNCH, TALK, LISTEN TO MUSIC, DANCE AND SING. HE PLAYS THE GUITAR VERY WELL. AT TIMES, WE COOK SPECIAL DISHES OR WE HAVE DINNER IN A RESTAURANT. YES, I'M IN LOVE WITH HIM BECAUSE HE IS A LOT OF FUN, CUTE AND AFFECTIONATE.

31. PREGUNTANDO EN TIEMPO PRESENTE
ASKING QUESTIONS IN THE PRESENT TENSE

To ask questions in English it is neccesary to use words such as "do, does, did, will or would" at the beginning of the question to show the tense that is going to be used but, in Spanish we only use conjugated verbs.

Para formular preguntas en inglés es necesario usar las palabras "do, does, did, will or would" al comienzo de la pregunta para mostrar el tiempo en el que se va a hablar, pero en español no se usan estas palabras, sino solamente el verbo conjugado.

There are two types of questions:
Hay dos tipos de preguntas

The "WH" Questions
Preguntas Compuestas

These questions start with **WH words.**
Start the question with the **WH** word, then add the conjugated verb and finally the pronoun or subject, for example:

¿Dónde vive Martín?
Where does Martin Live?

Simple Questions
Preguntas Simples

These questions don't have **WH** words. Ask in the same way that you form sentences. For example:

¿Tú hablas español?
Do you speak Spanish?

WH words
Palabras Interrogativas
A quién: **Whom?**
Qué: **What?**
Quién-Quiénes: **Who?**
Cuándo: **When?**
Cómo: **How?**
Cuál-Cuáles: **Which-Which ones?**
Cuánto-a: **How much?**
Cuántos-as: **How many?**
De quién: **Whose?**
Dónde: **Where?**

Por qué: **Why?**
Special case: Caso especial

Por qué + a simple question
¿Por qué tú estudias español?
Why do you study Spanish?

31. PREGUNTANDO EN TIEMPO PRESENTE
ASKING IN THE PRESENT TENSE

1. EJERCICIO: TRADUCE LAS SIGUIENTES PREGUNTAS SIMPLES.
TRANSLATE THE FOLLOWING SIMPLE QUESTIONS

1. DO YOU EAT MEAT? _____
   FAMILIAR
2. DOES HE DRINK BEER? _____

3. DO THEY READ MAGAZINES? _____

4. DO YOU ALL LIVE IN MIAMII? _____
   FORMAL
5. DOESN'T SHE DANCE THE TANGO? _____

6. DO YOU WORK HERE? _____
   FAMILIAR
7. DOES MARIO ARRIVE TODAY? _____

8. DO YOU AND I PAY FOR EVERYTHING? _____

9. ARE YOU VENEZUELAN? _____
   FAMILIAR
10. IS HE YOUR BROTHER? _____

2. EJERCICIO: TRADUCE LAS SIGUIENTES PREGUNTAS COMPUESTAS.
TRANSLATE THE FOLLOWING "WH" QUESTIONS

1. WHERE DO YOU LIVE? _____
   FAMILIAR
2 HOW DOES SHE COOK RICE? _____

3. WHEN DO THEY DRINK WHITE WINE? _____

4. WHY DO YOU GUYS ALWAYS DECIDE? _____
   FORMAL
5. WHO DANCES SALSA WELL? _____

6. WHAT DO YOU SELL? _____
   FAMILIAR
7. WHY DON'T THEY EAT SHRIMP? _____

8. WHERE DO YOU ALL WORK? _____
   FORMAL
9. TO WHOM DO YOU SEND LOVE? _____
   FAMILIAR
10. WHOSE BAG IS THIS? _____

11. HOW MANY BOXES DO YOU HAVE? _____

12. HOW MUCH IS THIS DOG? _____

13. WHAT IS YOUR NAME? _____
   FAMILIAR
14. WHICH ONE IS YOUR BOOK? _____

15. HOW OLD IS HE? _____

16. WHAT IS YOUR ADDRESS? _____

> TRANSLATE "WHAT" AS "CUÁL" WHEN IT'S EXPECTED A SPECIFIC ANSWER AS NAME, PHONE NUMBER, ADDRESS, ETC. OTHERWISE, USE "QUÉ"

32. EN LA PLAYA: ON THE BEACH
HAY O NO HAY

✓ HAY MUCHA ALEGRÍA EN LA PLAYA. THERE IS A LOT OF JOY AT THE BEACH.

✓ HAY MUCHOS BARCOS EN EL MAR. THERE ARE MANY BOATS IN THE SEA.

THERE IS THERE ARE	THERE IS NOT THERE ARE NOT

✓ NO HAY SALVAVIDAS EN LA PLAYA. THERE ARE NO LIFEGUARDS ON THE BEACH.

✓ NO HAY PERROS EN LA PLAYA. THERE ARE NO DOGS ON THE BEACH.

¿HAY O NO HAY?

IS THERE? ARE THERE?	IS NOT THERE? ARE NOT THERE?

✓ ¿HAY MUCHO VIENTO EN LA PLAYA? IS IT VERY WINDY ON THE BEACH?

✓ ¿HAY MUCHAS PERSONAS NADANDO? ARE THERE MANY PEOPLE SWIMMING?

NOTA:
✓ PRONOUNCE HAY AS THE ENGLISH WORD EYE.
✓ DO NOT USE THE ARTICLES EL, LA, LOS O LAS AFTER THE WORD HAY.

✓ ¿NO HAY MÚSICA EN LA PLAYA? ISN'T THERE MUSIC ON THE BEACH?

✓ ¿NO HAY RESTAURANTES EN LA PLAYA? AREN'T THERE RESTAURANTS ON THE BEACH?

¿QUÉ HAY Y QUÉ NO HAY EN LA PLAYA?
WHAT ARE AND ARE NOT ON THE BEACH?

 EJERCICIO: TRADUCE AL ESPAÑOL EL SIGUIENTE PÁRRAFO.
TRANSLATE INTO SPANISH THE FOLLOWING PARAGRAPH

VOCABULARIO

AS MANY:	TANTAS-OS	SNACKS:	PASABOCAS
ALSO:	TAMBIÉN	PEACE:	PAZ
ALLOWED:	PERMITIDO-A	PLAYING:	JUGANDO
BOATS:	BARCOS	RELAXED:	RELAJADO-A
BALL:	BOLA	SAND CASTLE:	CASTILLO DE ARENA
COMFORTABLE:	CÓMODO-A	SINCE:	YA QUE
DRINKS:	BEBIDAS	SUNSCREEN:	PROTECTOR SOLAR
FLYING:	VOLANDO	SUNSHINE:	SOL
HORIZONT:	HORIZONTE	SUNTAN:	BRONCEADOR
HUT:	CHOZA	TO RENT:	RENTAR-ALQUILAR
JOY:	ALEGRÍA	TOWELS:	TOALLAS
KITE:	COMETA	UMBRELLAS:	SOMBRILLAS
MAKING:	HACIENDO	WEEKDAY:	DÍA DE SEMANA

NOTA: IN SPANISH DOUBLE NEGATION IS POSSIBLE TO EXAGGERATE:

NO HAY NADA DE AGUA EN LA BOTELLA.

THERE ISN'T ANY WATER IN THE BOTTLE.

TODAY IS WEDNESDAY. MY FRIEND LUISA AND I ARE ON THE BEACH. I AM LYING DOWN AND SHE IS SITTING IN A COMFORTABLE CHAIR. WE ARE VERY HAPPY AND RELAXED. SINCE TODAY IS A WEEKDAY THERE ARE NOT AS MANY PEOPLE ON THE BEACH AS (COMO) THERE ARE ON THE WEEKEND. THERE ARE MANY BIRDS. THERE IS A BOY WHO IS FLYING A KITE AND TWO GUYS ARE PLAYING WITH A BALL. THERE IS A GIRL WHO IS MAKING A SAND CASTLE. THERE ARE NO DOGS SINCE THEY ARE NOT ALLOWED ON THE BEACH. THERE ARE SOME BOATS ON THE HORIZON. THERE ARE NO RESTAURANTS HERE BUT, THERE IS A SMALL HUT THAT SELLS DRINKS, SNACKS, SUNTAN, SUNSCREEN LOTION AND TOWELS. THEY ALSO RENT UMBRELLAS AND CHAIRS. THERE IS A LOT OF SUNSHINE, PEACE AND JOY ON THE BEACH.

33. EXPRESIONES CON EL VERBO TENER
EXPRESSIONS WITH THE VERB TO HAVE

VERBO TENER
PRESENTE

Yo	TENGO
Tú	TIENES
ÉL-ELLA-UD.	TIENE
NOSOTROS(AS)	TENEMOS
VOSOTROS(AS)	TENÉIS
ELLOS(AS)-UDS.	TIENEN

ÉL TIENE MUCHA SED.
HE IS VERY THIRSTY

USOS: USES

EXPRESA POSESIÓN
IT EXPRESSES POSSESSION

¿TÚ TIENES BICICLETA?
DO YOU HAVE A BICYCLE?

EDAD
AGE

¿CUÁNTOS AÑOS TIENE ÉL?
HOW OLD IS HE?

SENSACIONES DEL CUERPO
BODY SENSATIONS

YO TENGO HAMBRE
I'M HUNGRY

OBLIGACIÓN
OBLIGATION
ELLOS TIENEN QUE IR
THEY HAVE TO GO

TENER + QUE + VERBO EN INFINITIVO

EXPRESIONES CON EL VERBO TENER

❖ TENER ___ AÑOS: To BE ___ YEARS OLD

❖ TENER (MUCHO) CALOR: To BE (VERY) HOT

♥ TENER (MUCHOS) CELOS DE: To BE (VERY) JEALOUS OF, ONLY FOR LOVE AMONG PEOPLE OR PETS.

❖ TENER (MUCHO) CUIDADO: To BE CAREFUL

❖ TENER DOLOR DE CABEZA, ESTÓMAGO, ETC...: To HAVE HEADACHE, ETC

❖ TENER (MUCHA) ENVIDIA DE: To BE (VERY) ENVIOUS OF OTHERS BELONGINGS

❖ TENER (MUCHO) ÉXITO: To BE (VERY) SUCCESSFUL

❖ TENER (MUCHO) FRÍO: To BE (VERY) COLD

❖ TENER (MUCHAS) GANAS DE: To WANT SOMETHING (SO MUCH) To HAVE A (BIG) CRAVING FOR

❖ TENER (MUCHA) HAMBRE: To BE (VERY) HUNGRY

❖ TENER LA PALABRA: To HAVE THE FLOOR

❖ TENER LUGAR: To TAKE PLACE

❖ TENER (MUCHO) MIEDO: To BE (VERY) AFRAID

❖ TENER (MUCHA) PRISA: To BE IN A (BIG) HURRY

❖ TENER RAZÓN: To BE RIGHT

❖ TENER (MUCHA) SED: To BE (VERY) THIRSTY

❖ TENER (MUCHO) SENTIDO: To MAKE (A LOT OF) SENSE

❖ TENER (MUCHO) SUEÑO: To BE (VERY) SLEEPY

❖ TENER (MUCHA) SUERTE: To BE (VERY) LUCKY

1. EJERCICIO: COMPLETA LAS SIGUIENTES FRASES CON EL VERBO TENER Y LA RESPECTIVA EXPRESIÓN. COMPLETE THE FOLLOWING SENTENCES WITH THE VERB TENER AND THE RESPECTIVE EXPESSION.

1. ES INVIERNO, ESTÁ NEVANDO Y MARÍA _____ MUCHO _____ .
IT'S WINTER, IT'S SNOWING AND MARIA IS COLD.

2. ES VERANO, ESTÁ HACIENDO MUCHO SOL Y YO _____ MUCHO _____
Y MUCHA _____
IT'S SUMMER, IT'S REALLY SUNNY AND I AM VERY HOT AND THIRSTY.

3. HÉCTOR _____ _____, POR ESO ÉL ESTÁ CORRIENDO.
HECTOR IS IN A HURRY, THAT IS WHY HE'S RUNNING.

TENER	
TIEMPO PRESENTE	
Yo	TENGO
Tú	TIENES
ÉL-ELLA-UD.	TIENE
NOSOTROS(AS)	TENEMOS
VOSOTROS(AS)	TENÉIS
ELLOS(AS)-UDS.	TIENEN

4. Yo _____ _____, SIEMPRE GANO EN EL CASINO.
I AM LUCKY, I ALWAYS WIN IN THE CASINO.

5. NOSOTROS _____ MUCHO _____ Y POR ESO VAMOS A TOMAR UNA SIESTA.
WE ARE VERY SLEEPY, THAT IS WHY WE ARE GOING TO TAKE A NAP.

6. ROSITA, ¿TÚ _____ _____ DE LAS ABEJAS?
ROSITA, ARE YOU AFRAID OF THE BEES?

7. ELLOS _____ MUCHA _____ Y _____ MUCHAS _____ DE COMER HAMBURGUESA Y PIZZA.
THEY ARE VERY HUNGRY AND REALLY WANT TO HAVE A BURGER AND PIZZA.

8. POBRECITA MÓNICA, ELLA _____ MUCHO _____ DE MUELA Y _____ QUE IR AL DENTISTA. POOR MONICA, SHE HAS A BIG TOOTHACHE AND HAS TO GO TO THE DENTIST.

9. MATÍAS ESTÁ COMIENDO UN PERRO CALIENTE PORQUE ÉL _____ _____.
MATIAS IS EATING A HOT DOG BECAUSE HE IS HUNGRY.

10. MARÍA Y DARÍO ESTÁN TOMANDO AGUA PORQUE ELLOS _____ _____.
MARIA AND DARIO ARE DRINKING WATER BECAUSE THEY ARE THIRSTY.

11. EL HIJO DE ELENA _____ _____ DE SU NUEVO HERMANITO. ELENA'S SON IS JEALOUS OF HIS NEW LITTLE BROTHER.

12. TUS SOBRINAS _____ _____ DE LAS ARAÑAS.
YOUR NIECES ARE AFRAID OF SPIDERS.

13. AHORA EL PRESIDENTE VA A HABLAR O ÉL _____ _____ _____ .
NOW THE PRESIDENT IS GOING TO SPEAK/HE HAS THE FLOOR.

14. LA REUNIÓN ES EN EL HOTEL HILTON O _____ _____ EN EL HOTEL HILTON. THE MEETING IS IN THE HOTEL HILTON/IT TAKES PLACE IN THE HOTEL HILTON.

15. YO QUIERO UN HELADO DE VAINILLA O YO _____ _____ DE UN HELADO DE VAINILLA.
I WANT A VANILLA ICE CREAM/I FEEL LIKE HAVING A VANILLA ICE CREAM.

16. EN INVIERNO LAS PERSONAS _____ MUCHO _____ .
IN WINTER PEOPLE ARE VERY COLD.

17. EN VERANO LAS PERSONAS _____ MUCHO _____ .
IN SUMMER PEOPLE ARE VERY HOT.

18. ¿POR QUÉ TÚ ESTÁS MANEJANDO EL CARRO TAN RÁPIDO? ¿TÚ _____ _____?
WHY ARE YOU DRIVING THE CAR SO FAST? ARE YOU IN A HURRY?

19. ¿QUIÉN TIENE LA RESPUESTA CORRECTA? O ¿QUIÉN _____ ?
WHO HAS THE RIGHT ANSWER/WHO IS RIGHT?

20. CUÁNTOS _____ _____ TÚ? YO _____ 35 _____
HOW OLD ARE YOU? I AM 35 YEARS OLD

CONTINUACIÓN...
33. EXPRESIONES CON EL VERBO TENER
EXPRESSIONS WITH THE VERB TO HAVE

VERBO TENER
TIEMPO PRESENTE

Yo	TENGO
Tú	TIENES
Él-ella-ud.	TIENE
Nosotros(as)	TENEMOS
Vosotros(as)	TENÉIS
Ellos(as)-Uds.	TIENEN

TENGO SUERTE
I AM LUCKY

21. CUANDO USTED QUIERE TENER ALGO QUE OTRA PERSONA TIENE, A VECES USTED
_____ _____. WHEN YOU WANT TO HAVE SOMETHING THAT SOMEBODY ELSE
HAS, SOMETIMES YOU ARE ENVIOUS.

22. CUANDO YO NO DUERMO BIEN EN LA NOCHE, YO _____ _____ TODO
EL DÍA. WHEN I DON'T SLEEP WELL DURING THE NIGHT, I AM SLEEPY ALL DAY
LONG.

23. ESTA NOCHE USTEDES DEBEN TRABAJAR O _____ QUE _____ .
TONIGHT ALL OF YOU MUST WORK/YOU HAVE TO WORK.

24. NO ENTIENDO LO QUE ELLA DICE O LO QUE ELLA DICE NO _____ _____ .
I DON'T UNDERSTAND WHAT SHE SAYS/WHAT SHE SAYS DOESN'T MAKE SENSE.

25. HAY PERSONAS QUE SIEMPRE GANAN LAS RIFAS Y LAS LOTERÍAS, ENTONCES
DECIMOS QUE ELLOS _____ MUCHA _____ .
THERE ARE PEOPLE WHO ALWAYS WIN THE RAFFLES AND LOTTERIES. WE SAY
THAT THEY ARE LUCKY.

26. LAS MADRES SIEMPRE LES DICEN A SUS HIJOS: TÚ DEBES _____ _____
CUANDO ATRAVIESES LA CALLE. MOTHERS ALWAYS TELL THEIR CHILDREN: YOU MUST BE CAREFUL WHEN YOU
CROSS THE STREET.

27. ¿TÚ _____ FIEBRE Y DOLOR DE GARGANTA? ENTONCES TÚ _____ UN
RESFRÍO.
DO YOU HAVE FEVER AND A SORE THROAT? THEN, YOU HAVE A COLD.

28. TANTO MUJERES COMO HOMBRES _____ MUCHO _____ EN LOS
NEGOCIOS. BOTH WOMEN AND MEN ARE VERY SUCCESSFUL IN BUSINESS.

2. EJERCICIO: ESCRIBE CINCO OBLIGACIONES EN TU TRABAJO O EN TU CASA, USANDO
"YO TENGO QUE" ... WRITE FIVE OBLIGATIONS YOU HAVE AT WORK OR AT HOME; USING
THE PHRASE, "I HAVE TO" ...

1 ....

2 ....

3 ....

4 ....

5 ....

34. VERBO HACER: HABLANDO DEL CLIMA
THE VERB TO MAKE/TO DO: TALKING ABOUT THE WEATHER

VERBO HACER EN PRESENTE

Yo	HAGO
TÚ	HACES
ÉL-ELLA-UD.	HACE
NOSOTROS(AS)	HACEMOS
VOSOTROS(AS)	HACÉIS
ELLOS(AS)-UDS.	HACEN

EJERCICIO: TRADUCE AL ESPAÑOL.
TRANSLATE INTO SPANISH

1. _____
   I BUY GROCERIES EVERY FRIDAY

2. _____
   YOU EXERCISE THREE TIMES A WEEK
   FAMILIAR

3. _____
   THEY SHOP AT EXPENSIVE STORES

4. _____
   IT IS VERY BAD OUTSIDE DURING STORMS
   TORMENTAS

5. _____
   IT IS VERY NICE OUTSIDE IN OCTOBER

6. _____
   IT IS SUNNY AND HOT IN SUMMER

EXPRESIONES CON EL VERBO HACER

HACER: TO MAKE — TO DO

❖ **HABLANDO DEL CLIMA**
  TALKING ABOUT WEATHER
  • HACE (MUCHO) CALOR
    IT IS (VERY) HOT
  • HACE (MUCHO) FRÍO
    IT IS (VERY) COLD
  • HACE (MUCHO) SOL
    IT IS (VERY) SUNNY
  • HACE (MUCHO) VIENTO
    IT IS (VERY) WINDY
  • HACE (MUY) BUEN CLIMA
    IT IS (VERY) NICE OUTSIDE
  • HACE (MUY) MAL CLIMA
    IT IS (VERY) BAD OUTSIDE

❖ HACER COMPRAS: **TO SHOP**
❖ HACER EJERCICIO: **TO EXERCISE**
❖ HACER EL AMOR: **TO MAKE LOVE**
❖ HACER EL MERCADO: **TO BUY GROCERIES**
❖ HACER VUELTAS: **TO DO ERRANDS**

ESTACIONES DEL AÑO
SEASONS

LA PRIMAVERA

EN PRIMAVERA HAY MUCHAS FLORES DE COLORES, PÁJAROS Y MARIPOSAS. HACE SOL Y EL CLIMA ES TEMPLADO.
IN SPRING THERE ARE MANY COLORFUL FLOWERS, BIRDS AND BUTTERFLIES. IT IS SUNNY AND MILD

EL VERANO

EN VERANO HACE MUCHO SOL Y CALOR Y A VECES LLUEVE.
SUMMER IS VERY SUNNY, HOT AND SOMETIMES IT RAINS.

EL OTOÑO

EN OTOÑO HACE MUCHO VIENTO Y HACE UN POCO DE FRÍO. LAS HOJAS DE LOS ÁRBOLES CAMBIAN DE COLOR VERDE A ANARANJADO, AMARILLO Y ROJO Y LUEGO SE CAEN. FALL IS WINDY AND IT'S A LITTLE COLD. THE LEAVES ON THE TREES CHANGE FROM GREEN TO ORANGE, YELLOW AND RED AND THEN FALL OFF.

EL INVIERNO
EN INVIERNO HACE MUCHO FRÍO Y NIEVA. GENERALMENTE ESTÁ NUBLADO.
WINTER IS REALLY COLD AND IT SNOWS. USUALLY IT IS CLOUDY.

¿CÓMO ESTÁ EL CLIMA HOY? HOW IS THE WEATHER TODAY?

35. LA COMIDA Y EL RESTAURANTE
THE FOOD AND THE RESTAURANT

	El Desayuno **Breakfast**	El Almuerzo **Lunch**	La Cena **Dinner**
	DESAYUNAR **TO HAVE BREAKFAST**	ALMORZAR **TO HAVE LUNCH**	CENAR **TO HAVE DINNER**
Yo	DESAYUNO	ALMUERZO	CENO
Tú	DESAYUNAS	ALMUERZAS	CENAS
Él-ella-ud.	DESAYUNA	ALMUERZA	CENA
Nosotros(as)	DESAYUNAMOS	ALMORZAMOS	CENAMOS
Vosotros(as)	DESAYUNÁIS	ALMORZÁIS	CENÁIS
Ellos(as)-Uds.	DESAYUNAN	ALMUERZAN	CENAN

El cocinero **THE COOK**

1. EJERCICIO: RELACIONA CADA PALABRA EN ESPAÑOL CON EL CORRESPONDIENTE DIBUJO. MATCH EACH SPANISH WORD WITH THE CORRESPONDING DRAWING.

> EL AJO – EL ATÚN – LOS CAMARONES – EL CANGREJO – LA CARNE DE RES
> LA CEBOLLA – EL CERDO – LA ESPINACA – LOS HUEVOS – LA LANGOSTA
> LA LECHUGA – LA LECHE – LA MANTEQUILLA - LA MERMELADA – EL PAN
> EL PAVO – EL POLLO – EL QUESO – LAS SALCHICHAS – EL TOMATE

BREAD	MILK	EGGS	CHEESE	BUTTER

MERMELADE	BEEF	PORK	CHICKEN	TURKEY

SAUSAGES	TUNA	SHRIMP	LOBSTER	CRAB

LETTUCE	TOMATO	GARLIC	ONION	SPINACH

2. EJERCICIO: CLASIFICA LOS ALIMENTOS DEL EJERCICIO ANTERIOR EN LA COLUMNA APROPIADA Y AÑADE MÁS PALABRAS CLASSIFY THE FOODS FROM THE PREVIOUS EXERCISE, BY PLACING THEM IN THE APPROPIATE COLUMN, THEN ADD NEW WORDS.

CARNES: MEAT	PESCADOS Y MARISCOS: FISH AND SEAFOOD	VERDURAS: VEGETABLES

Menú o Carta: Menu
- ♣ Entrada o Aperitivo: Appetizer
- ♣ Sopas: Soups
- ♣ Ensaladas: Salads
- ♣ Plato principal: Entree
- ♣ Postres: Desserts
- ♣ Bebidas: Drinks
- ♣ Acompañantes: Sides

35. LA COMIDA Y EL RESTAURANTE
THE FOOD AND THE RESTAURANT

YOU CAN ORDER WITH THE VERB QUERER: TO WANT. IT'S INFORMAL BUT POLITE . POR FAVOR, QUIERO UN CAFÉ.

PIDIENDO EN EL RESTAURANTE
ORDERING AT THE RESTAURANT

LA CUENTA POR FAVOR
THE CHECK, PLEASE

EL MESERO
O CAMARERO
THE WAITER

EL CLIENTE
THE CLIENT

MESERO: ¿QUÉ LE GUSTARÍA TOMAR SEÑOR?
   WHAT WOULD YOU LIKE TO DRINK SIR?
CLIENTE: ¿QUÉ BEBIDAS TIENEN?
   WHAT DRINKS DO YOU HAVE?
MESERO: NOSOTROS TENEMOS SODAS, JUGOS
   NATURALES, CERVEZA Y VINO.
   **WE HAVE SODAS, FRESH JUICES, BEER AND
   WINE.**
CLIENTE: POR FAVOR, ME GUSTARÍA UNA COPA DE VINO
   PLEASE, I'D LIKE A GLASS OF WINE.
MESERO: ¿LE GUSTARÍA VINO TINTO O VINO BLANCO.
   WOULD YOU LIKE RED OR WHITE WINE?
CLIENTE: QUISIERA UNA COPA DE VINO TINTO
   I'D LIKE A GLASS OF RED WINE

EJERCICIO: COMPLETA LOS SIGUIENTES DIÁLOGOS DE RESTAURANTE CON LAS PALABRAS DEL CUADRO. COMPLETE THE FOLLOWING RESTAURANT DIALOGUES WITH THE WORDS IN THE BOX.

1. ME GUSTARÍA UN _____ DE AGUA SIN _____
   I'D LIKE A GLASS OF WATER WITHOUT ICE.

2. POR FAVOR, QUISIERA UNA _____ DE VINO
   TINTO Y DOS _____. PLEASE, I'D LIKE A BOTTLE
   OF RED WINE AND TWO GLASSES.

3. TENEMOS PAPAS FRITAS, PAPAS COCINADAS Y
   _____.WE HAVE FRIED, BOILED AND
   BAKED POTATOES.

4. POR FAVOR, PODRÍA TRAERME UNA _____
   PARA MI SOPA. COULD YOU BRING ME A SPOON FOR
   MY SOUP.

5. ¿USTED TIENE UN _____ PARA MI JUGO DE
   MARACUYÁ? DO YOU HAVE A STRAW FOR MY
   PASSION FRUIT JUICE.

6. POR FAVOR, NECESITO UN _____ Y UN
   _____ PARA CORTAR EL POLLO ASADO.
   PLEASE, I NEED A FORK AND A KNIFE TO CUT THE
   GRILLED CHICKEN.

7. ME ENCANTARÍA UNA _____ DE CAFÉ CON
   LECHE Y UN POSTRE. I'D LOVE A CUP OF COFFEE
   WITH MILK AND A DESSERT.

8. UNA _____ POR FAVOR. A NAPKIN, PLEASE

UNA BOTELLA
A BOTTLE

UNA COPA
A GLASS WITH A STEM

UNA CUCHARA
A SPOON

UN CUCHILLO
A KNIFE

HIELO
ICE

PAPA AL HORNO
BAKED POTATOE

UNA SERVILLETA
A NAPKIN

UN PLATO
A PLATE

UN SORBETE,
UN PITILLO
O UNA PAJILLA
A STRAW

UNA TAZA
A CUP

UN VASO
A GLASS

UN TENEDOR
A FORK

36. SABER VS. CONOCER

RECUERDA: USE PERSONAL "A" IMMEDIATELY AFTER VERB CONOCER WHEN IT IS AFFECTING A SPECIFIC PERSON OR PET. DO NOT USE "A" WITH OBJECTS OR PLACES.

Yo	Sé
Tú	Sabes
Él-ella-ud.	Sabe
Nosotros(as)	Sabemos
Vosotros(as)	Sabéis
Ellos(as)-Uds.	Saben

Yo	Conozco
Tú	Conoces
Él-ella-ud.	Conoce
Nosotros(as)	Conocemos
Vosotros(as)	Conocéis
Ellos(as)-Uds.	Conocen

DO NOT TRANSLATE HOW INTO CÓMO. IN THIS CONTEXT SABER HAS THE MEANING TO KNOW HOW

SABER

✓ TO KNOW INFORMATION...
¿TÚ SABES MI DIRECCIÓN?
DO YOU KNOW MY ADDRESS.

✓ TO KNOW THAT...
YO SÉ QUE ELLA TIENE SED
I KNOW THAT SHE'S THIRSTY

✓ TO KNOW HOW TO DO SOMETHING...
ÉL NO SABE BAILAR SALSA
HE DOESN'T KNOW HOW TO DANCE SALSA.

EJERCICIO: TRADUCE LAS SIGUIENTES FRASES USANDO EL VERBO SABER. TRANSLATE THE FOLLOWING SENTENCES USING THE VERB SABER.

1. _____
I DON'T KNOW WHY HE'S IN A HURRY

2. _____
YOU KNOW THAT THEY ARE HERE
FAMILIAR

3. _____
DOES SHE KNOW HOW TO ICE SKATE?

4. _____
WE DON'T KNOW ANYTHING ABOUT SAILING

5. _____
ALL OF YOU KNOW THAT I'M THIRSTY
FORMAL

6. _____
EVERYBODY KNOWS THAT IT'S RAINING

7. _____
HE KNOWS HOW TO DO IT

8. _____
YOU KNOW HOW TO PREPARE FISH
FORMAL

9. _____
I KNOW THAT IT'S ALWAYS COLD THERE

CONOCER

✓ TO KNOW A PERSON OR PET...
TO MEET SOMEBODY OR A PET
FOR FIRST TIME...
¿ELLOS CONOCEN A MARÍA?
DO THEY KNOW MARIA?
HAVE THEY MET MARIA?
SÍ, ELLOS LA CONOCEN
YES, THEY KNOW HER
THEY HAVE MET HER
MUCHO GUSTO EN CONOCERTE
IT IS NICE TO MEET YOU

✓ TO KNOW A PLACE OR TO BE FAMILIAR WITH A PLACE...
NOSOTROS CONOCEMOS CHILE.
WE HAVE BEEN IN CHILE.
WE ARE FAMILIAR WITH CHILE.

✓ TO BE WELL VERSED IN AN AREA...
ÉL ARQUITECTO CONOCE BIEN LOS PLANOS DEL EDIFICIO.
THE ARCHITECT KNOWS THE BUILDING PLANS WELL.

EJERCICIO: TRADUCE LAS SIGUIENTES FRASES USANDO EL VERBO CONOCER. TRANSLATE THE FOLLOWING SENTENCES USING THE VERB CONOCER.

1. _____
HAVE YOU MET MY HUSBAND?
FORMAL

2. _____
THEY KNOW ANA'S SISTER VERY WELL.

3. _____
HAVE ALL OF YOU BEEN IN PERÚ?
FORMAL

4. _____
YES, WE HAVE BEEN IN LIMA AND CUZCO.

5. _____
DOES HE KNOW DIEGO?

6. _____
NO, HE DOESN'T KNOW HIM.

37. VERBOS IRREGULARES MÁS COMUNES: TIEMPO PRESENTE
MOST COMMON IRREGULAR VERBS: THE PRESENT TENSE

LISTA #1

	ALMORZAR — To eat lunch	CAER EN CUENTA — To realize	CERRAR — To close	CONTAR — To tell a story / To count
Yo	ALMUERZO	CAIGO	CIERRO	CUENTO
Tú	ALMUERZAS	CAES	CIERRAS	CUENTAS
Él-ella-ud.	ALMUERZA	CAE	CIERRA	CUENTA
Nosotros(as)	ALMORZAMOS	CAEMOS	CERRAMOS	CONTAMOS
Vosotros(as)	ALMORZÁIS	CAÉIS	CERRÁIS	CONTÁIS
Ellos(as)-Uds.	ALMUERZAN	CAEN	CIERRAN	CUENTAN — To count on / CONTAR CON

	COMENZAR A — To begin-To start	DAR — To give	DECIR — To tell-To say	DORMIR — To sleep
Yo	COMIENZO	DOY	DIGO	DUERMO
Tú	COMIENZAS	DAS	DICES	DUERMES
Él-ella-ud.	COMIENZA	DA	DICE	DUERME
Nosotros(as)	COMENZAMOS	DAMOS	DECIMOS	DORMIMOS
Vosotros(as)	COMENZÁIS	DÁIS	DECÍS	DORMÍS
Ellos(as)-Uds.	COMIENZAN	DAN	DICEN	DUERMEN

	EMPEZAR A — To begin-To start	ENCONTRAR — To find	ENTENDER — To understand	HACER — To do-To make
Yo	EMPIEZO	ENCUENTRO	ENTIENDO	HAGO
Tú	EMPIEZAS	ENCUENTRAS	ENTIENDES	HACES
Él-ella-ud.	EMPIEZA	ENCUENTRA	ENTIENDE	HACE
Nosotros(as)	EMPEZAMOS	ENCONTRAMOS	ENTENDEMOS	HACEMOS
Vosotros(as)	EMPEZÁIS	ENCONTRÁIS	ENTENDÉIS	HACÉIS
Ellos(as)-Uds.	EMPIEZAN	ENCUENTRAN	ENTIENDEN	HACEN

EJERCICIO: COMPLETA LAS SIGUIENTES FRASES CON EL VERBO IRREGULAR ADECUADO DE LA LISTA ANTERIOR, USANDO TIEMPO PRESENTE.
USING THE PRESENT TENSE, COMPLETE THE FOLLOWING SENTENCES WITH THE APPROPRIATE IRREGULAR VERB FROM THE LIST.

1. ESE PROFESOR SIEMPRE LES _____ COSAS INTERESANTES A SUS ESTUDIANTES. THAT TEACHER ALWAYS TELLS INTERESTING THINGS TO HIS STUDENTS.

2. MUCHAS PERSONAS EN COLOMBIA _____ MUCHO, _____ MUCHO Y _____ POCO. MANY PEOPLE IN COLOMBIA HAVE A BIG BREAKFAST, A BIG LUNCH AND A SMALL DINNER.

3. EN INVIERNO _____ FRÍO Y EN VERANO _____ CALOR. WINTER IS COLD AND SUMMER IS HOT.

4. SUSANA LE _____ DINERO A SU HIJO TODOS LOS DÍAS. SUSANA GIVES MONEY TO HER SON EVERY DAY.

5. ÉL NUNCA _____ EN CUENTA DE LO QUE ÉL _____ HE NEVER REALIZES WHAT HE SAYS.

6. ¿TÚ SIEMPRE LE _____ UN CUENTO A TU HIJA EN LA NOCHE? DO YOU ALWAYS TELL A STORY TO YOUR CHILD AT NIGHT?

7. NORMALMENTE ELLOS _____ A ESTUDIAR A PRINCIPIOS DE AGOSTO. THEY TYPICALLY START STUDYING IN EARLY AUGUST.

8. LOS ADOLESCENTES _____ MÁS QUE LOS ADULTOS. TEENAGERS SLEEP MORE THAN ADULTS

9. GENERALMENTE YO _____ CON MI MADRE EN MOMENTOS DIFÍCILES. I USUALLY COUNT ON MY MOTHER IN DIFFICULT TIMES.

10. ELLA NO _____ PORQUE SU ESPOSO NO _____ UN TRABAJO. SHE DOES NOT UNDERSTAND WHY HER HUSBAND DOES NOT FIND A JOB

11. ¿QUÉ _____ USTEDES LOS FINES DE SEMANA? WHAT DO YOU GUYS DO ON WEEKENDS?

12. ¿QUIÉN _____ LA TIENDA? WHO CLOSES THE STORE?

IN GENERAL TERMS, IRREGULAR VERBS ARE NOT IRREGULAR WITH THE PRONOUNS NOSOTROS AND VOSOTROS BECAUSE THEY DO NOT CHANGE IN THE INFINITIVE OR BASIC VERB FORM

37. VERBOS IRREGULARES MÁS COMUNES: TIEMPO PRESENTE
MOST COMMON IRREGULAR VERBS: THE PRESENT TENSE

LISTA #2

TOCAR INSTRUMENTOS / To PLAY INSTRUMENTS

	IR A / TO GO TO	JUGAR / TO PLAY GAMES	MENTIR / TO LIE	OIR / TO HEAR
Yo	VOY	JUEGO **AND**	MIENTO	OIGO
Tú	VAS	JUEGAS **SPORTS**	MIENTES	OYES
ÉL-ELLA-UD.	VA	JUEGA	MIENTE	OYE
NOSOTROS(AS)	VAMOS	JUGAMOS	MENTIMOS	OÍMOS
VOSOTROS(AS)	VÁIS	JUGÁIS	MENTÍS	OÍS
ELLOS(AS)-UDS.	VAN	JUEGAN	MIENTEN	OYEN EL OIDO

To REQUEST **CAN DO**

	PEDIR / TO ASK FOR	PENSAR / TO THINK	PERDER / TO LOSE	PODER / TO BE ABLE
Yo	PIDO	PIENSO	PIERDO	PUEDO
Tú	PIDES **To**	PIENSAS	PIERDES	PUEDES
ÉL-ELLA-UD.	PIDE **ORDER**	PIENSA	PIERDE	PUEDE
NOSOTROS(AS)	PEDIMOS **FOOD**	PENSAMOS	PERDEMOS	PODEMOS
VOSOTROS(AS)	PEDÍS	PENSÁIS	PERDÉIS	PODÉIS
ELLOS(AS)-UDS.	PIDEN	PIENSAN	PIERDEN	PUEDEN **PODER POWER**

To PROVE

	PONER / TO PUT	PREFERIR / TO PREFER	PROBAR / TO TASTE	QUERER / TO WANT-TO LOVE
Yo	PONGO	PREFIERO	PRUEBO	QUIERO **PEOPLE**
Tú	PONES	PREFIERES	PRUEBAS	QUIERES **AND**
ÉL-ELLA-UD.	PONE	PREFIERE	PRUEBA	QUIERE **ANIMALS**
NOSOTROS(AS)	PONEMOS	PREFERIMOS	PROBAMOS	QUEREMOS
VOSOTROS(AS)	PONÉIS	PREFERÍS	PROBÁIS	QUERÉIS
ELLOS(AS)-UDS.	PONEN	PREFIEREN	PRUEBAN	QUIEREN

EJERCICIO: COMPLETA LAS SIGUIENTES FRASES CON EL VERBO IRREGULAR ADECUADO
DE LA LISTA ANTERIOR, USANDO TIEMPO PRESENTE.
USING THE PRESENT TENSE, COMPLETE THE FOLLOWING SENTENCES WITH THE
APPROPRIATE IRREGULAR VERB FROM THE LIST.

1. ¿QUÉ _____ LOGRAR USTEDES ESTE AÑO? NOSOTROS _____ ABRIR UNA
PANADERÍA. WHAT DO YOU GUYS WANT TO ACHIEVE THIS YEAR? WE WANT TO OPEN
A BAKERY.

2. USTED NO _____ LLEVAR PERROS A ESE HOTEL, ES PROHIBIDO.
YOU CAN'T BRING DOGS TO THAT HOTEL, IT IS PROHIBITED.

3. MIS ABUELOS _____ EL PAN EN LA NEVERA PARA MANTENERLO FRESCO.
MY GRANDPARENTS PUT THE BREAD IN THE REFRIGERATOR TO KEEP IT FRESH.

4. PEDRO Y MIGUEL _____ POKER Y APUESTAN ALGO DE DINERO.
PEDRO AND MIGUEL PLAY POKER AND BET SOME MONEY.

5. ELLOS NUNCA _____ EL TIMBRE DE LA PUERTA.
THEY NEVER HEAR THE DOORBELL

6. MIS HERMANOS _____ VIAJAR CON UNA MALETA PEQUEÑA.
MY SIBLINGS PREFER TO TRAVEL WITH A SMALL SUITCASE.

7. YO SIEMPRE _____ LA COMIDA CUANDO ESTOY COCINANDO.
I ALWAYS TASTE THE FOOD WHEN I AM COOKING.

8. MI VECINO SIEMPRE _____ SUS LLAVES.
MY NEIGHBOR ALWAYS LOSES HIS KEYS.

10. MUCHAS PERSONAS NO _____, _____ LA VERDAD.
MANY PEOPLE DO NOT LIE, TELL THE TRUTH.

11. ELLA _____ MUCHO EN SU NOVIO PORQUE ÉL _____ LEJOS.
SHE THINKS A LOT ABOUT HER BOYFRIEND BECAUSE HE IS FAR AWAY.

12. EN ESTE RESTAURANTE YO SIEMPRE _____ POSTRE Y TÚ _____ CAFÉ.
IN THIS RESTAURANTE I ALWAYS ORDER DESSERT AND YOU ORDER COFFEE.

13. YO _____ AL GIMNASIO Y TÚ _____ AL TEATRO
I GO TO THE GYM AND YOU GO TO THE THEATER.

IN GENERAL TERMS,
IRREGULAR VERBS
ARE NOT IRREGULAR
WITH THE PRONOUNS
NOSOTROS AND
VOSOTROS THEY DO
NOT CHANGE IN THE
INFINITIVE OR BASIC
VERB FORM

37. VERBOS IRREGULARES MÁS COMUNES: TIEMPO PRESENTE
MOST COMMON IRREGULAR VERBS: THE PRESENT TENSE

LISTA #3

	RECORDAR TO REMEMBER	SABE TO KNOW INFORMATION AND	SALIR DE TO LEAVE
Yo	RECUERDO	SÉ HOW TO DO	SALGO
Tú	RECUERDAS	SABES THINGS	SALES
ÉL-ELLA-UD.	RECUERDA	SABE	SALE
NOSOTROS(AS)	RECORDAMOS	SABEMOS	SALIMOS
VOSOTROS(AS)	RECORDÁIS	SABÉIS	SALÍS
ELLOS(AS)-UDS.	RECUERDAN	SABEN	SALEN

SALIR A
TO GO OUT
SALIR CON
TO DATE

	SEGUIR TO FOLLOW	SERVIR TO SERVE	TENER TO HAVE	TRAER TO BRING
Yo	SIGO	SIRVO	TENGO	TRAIGO
Tú	SIGUES	SIRVES	TIENES	TRAES
ÉL-ELLA-UD.	SIGUE	SIRVE	TIENE	TRAE
NOSOTROS(AS)	SEGUIMOS	SERVIMOS	TENEMOS	TRAEMOS
VOSOTROS(AS)	SEGUÍS	SERVÍS	TENÉIS	TRAÉIS
ELLOS(AS)-UDS.	SIGUEN	SIRVEN	TIENEN	TRAEN

TO CONTINUE

	VENIR TO COME	VER TO SEE	VOLAR TO FLY	VOLVER TO RETURN
Yo	VENGO	VEO	VUELO	VUELVO
Tú	VIENES	VES	VUELAS	VUELVES
ÉL-ELLA-UD.	VIENE	VE	VUELA	VUELVE
NOSOTROS(AS)	VENIMOS	VEMOS	VOLAMOS	VOLVEMOS
VOSOTROS(AS)	VENÍS	VÉIS	VOLÁIS	VOLVÉIS
ELLOS(AS)-UDS.	VIENEN	VEN	VUELAN	VUELVEN

TO WATCH

TO GO BACK
TO COME BACK

EJERCICIO: COMPLETA LAS SIGUIENTES FRASES CON EL VERBO IRREGULAR ADECUADO DE LA LISTA ANTERIOR, USANDO TIEMPO PRESENTE.
USING THE PRESENT TENSE, COMPLETE THE FOLLOWING SENTENCES WITH THE APPROPRIATE IRREGULAR VERB FROM THE LIST.

1. ¿CON QUÉ FRECUENCIA TÚ _____ A CENAR CON TUS AMIGOS?
   HOW OFTEN DO YOU GO OUT WITH YOUR FRIENDS FOR DINNER?

2. YO A VECES _____ RAZÓN Y OTRAS VECES MI ESPOSO _____ RAZÓN.
   SOMETIMES I AM RIGHT AND OTHER TIMES MY HUSBAND IS RIGHT.

3. ¿NORMALMENTE QUIÉN _____ A VISITARTE LOS VIERNES? MIS TÍAS _____
   WHO USUALLY COMES TO VISIT YOU ON FRIDAYS?   MY AUNTS COME

4. ¿TÚ _____ PELÍCULAS DE MIEDO POR LA NOCHE? QUÉ MIEDO!
   DO YOU WATCH SCARY MOVIES AT NIGHT? HOW SCARY!

5. TUS PADRES _____ A MIAMI TODOS LOS AÑOS
   YOUR PARENTS COME BACK TO MIAMI EVERY YEAR

   IN GENERAL TERMS, IRREGULAR VERBS ARE NOT IRREGULAR WITH THE PRONOUNS NOSOTROS AND VOSOTROS BECAUSE THEY DO NOT CHANGE IN THE INFINITIVE OR BASIC VERB FORM

6. LAS MARIPOSAS _____ DURANTE EL DÍA.
   BUTTERFLIES FLY DURING THE DAYTIME.

7. YO SIEMPRE _____ MI ALMUERZO A MI OFICINA
   I ALWAYS BRING MY LUNCH TO MY OFFICE.

8. LOS ESTUDIANTES _____ LAS INSTRUCCIONES DEL PROFESOR.
   STUDENTS FOLLOW THE TEACHER'S INSTRUCTIONS.

9. EL ABOGADO _____ DE LA REUNIÓN A LAS 10 DE LA MAÑANA.
   THE LAWYER LEAVES THE MEETING AT 10 IN THE MORNING.

10. NOSOTROS NO _____ DONDE _____ TU BILLETERA AHORA.
    WE DO NOT KNOW WHERE YOUR WALLET IS NOW.

11. ¿USTEDES _____ HACERME UN FAVOR? CAN YOU GUYS DO ME A FAVOR?

12. YO _____ QUE YO _____ DE BOGOTÁ A MEDIO DÍA Y _____ A MEDIA NOCHE.
    I KNOW THAT I LEAVE BOGOTA AT NOON AND I RETURN AT MIDNIGHT

13. ¿TÚ _____ MI NÚMERO DE TELÉFONO? SÍ LO _____ . _____ CON 305.
    DO YOU REMEMBER MY PHONE NUMBER? YES, I REMEMBER IT. IT BEGINS WITH 305.

38. CUIDADO PERSONAL: VERBOS REFLEXIVOS DE ACCIONES
PERSONAL CARE: ACTION REFLEXIVE VERBS

Yo me amo
I love myself

• WITH THESE ACTION REFLEXIVE VERBS, THE ACTION AFFECTS THE SUBJECT OF THE SENTENCE AND NOBODY ELSE OR NOTHING ELSE. IN OTHER WORDS, THE SUBJECT (THE PERFORMER OF THE ACTION) AND THE OBJECT (ANYTHING OR ANYONE AFFECTED BY THAT ACTION) ARE THE SAME. FOR EXAMPLE:

YO ME AMO
I LOVE MYSELF

• THIS TYPE OF VERB IN INFINITIVE OR BASIC FORM HAVE THE REFLEXIVE PRONOUN "SE" AT THE END, WHICH MEANS ONESELF, FOR EXAMPLE:

AMARSE
TO LOVE ONESELF

• WHEN YOU CONJUGATE THIS KIND OF VERB, YOU HAVE TO ADD A REFLEXIVE PRONOUN BEFORE THE CONJUGATED VERB, AS IN THE FOLLOWING EXAMPLE:

AMARSE
TO LOVE ONESELF

YO ME AMO	MYSELF
TÚ TE AMAS	YOURSELF (FAMILIAR)
ÉL SE AMA	HIMSELF
ELLA SE AMA	HERSELF
USTED SE AMA	YOURSELF (FORMAL)
NOSOTROS NOS AMAMOS	OURSELVES
VOSOTROS OS AMÁIS	YOURSELVES (FAMILIAR)
ELLOS SE AMAN	THEMSELVES
USTEDES SE AMAN	YOURSELVES (FORMAL)

• MANY **PERSONAL CARE** VERBS ARE REFLEXIVE. FOR EXAMPLE:

YO ME CEPILLO LOS DIENTES
I BRUSH MY TEETH

> AS YOU CAN SEE IN THIS SENTENCE, POSESSIVE PRONOUNS ARE NOT USED BEFORE MENTIONING THE PART OF THE BODY, ONLY A DEFINITE ARTICULE IS USED BECAUSE THE REFLEXIVE PRONOUN MAKES IT OBVIOUS WHOSE BODY IS BEING DISCUSSED.

• OTHER REFLEXIVE VERBS ARE ACTIONS RELATED WITH EMOTIONS OR FEELINGS. FOR EXAMPLE:

ÉL SE PONE TRISTE CUANDO SE ENFERMA.
HE BECOMES SAD WHEN GETS SICK.

• SOMETIMES A REFLEXIVE VERB DIFFERS IN MEANING FROM THE SAME ONE THAT IS NONREFLEXIVE, SO THE REFLEXIVE PRONOUN CHANGES THE MEANING OF A VERB. FOR EXAMPLE:

YO PONGO MIS GAFAS EN LA CAJA VS. YO ME PONGO LAS GAFAS
I PUT MY GLASSES INTO THE BOX VS. I PUT MY GLASSES ON

TÚ PRUEBAS LA COMIDA VS. TÚ TE PRUEBAS EL SOMBRERO
YOU TRY THE FOOD VS. YOU TRY ON THE HAT

38. CUIDADO PERSONAL: LISTA DE VERBOS REFLEXIVOS
PERSONAL CARE: LIST OF ACTION REFLEXIVE VERBS

VERBOS REFLEXIVOS DE ACCIONES MÁS COMUNES
MORE COMMON ACTION REFLEXIVE VERBS

ABRIGARSE: YO ME ABRIGO
TO KEEP WARM: I KEEP MYSELF WARM

ACOSTARSE: YO ME ACUESTO
TO GO TO BED: I GO TO BED
TO LIE DOWN: I LIE DOWN

AFEITARSE: ÉL SE AFEITA
TO SHAVE: HE SHAVES HIMSELF

BAÑARSE: LOS NIÑOS SE BAÑAN
TO TAKE A BATH: THE KIDS TAKE A BATH

CASARSE: TÚ TE CASAS CON ANA
TO MARRY: YOU MARRY ANA
TO GET MARRIED

CEPILLARSE: ELLA SE CEPILLA EL PELO
TO BRUSH: SHE BRUSHES HER HAIR

COBIJARSE: USTED SE COBIJA
TO COVER: YOU COVER YOURSELF

DESPERTARSE: YO ME DESPIERTO
TO WAKE UP: I WAKE UP

DESVESTIRSE: TÚ TE DESVISTES
TO UNDRESS : YOU UNDRESS YOURSELF

DORMIRSE: ELLA SE DUERME
TO FALL ASLEEP: SHE FALLS ASLEEP

DUCHARSE: USTEDES SE DUCHAN
TO TAKE A SHOWER: ALL OF YOU TAKE
A SHOWER

ENFERMARSE: NOSOTROS NOS ENFERMAMOS
TO GET SICK: WE GET SICK

ENOJARSE: ELLA SE ENOJA
TO GET ANGRY: SHE GETS ANGRY

IRSE: YO ME VOY AHORA
TO GO AWAY: I AM LEAVING NOW
TO LEAVE A PLACE

LAVARSE: TÚ TE LAVAS LA CARA
TO WASH: YOU WASH YOUR FACE

LEVANTARSE: USTED SE LEVANTA
TO GET UP: YOU GET UP
TO STAND UP: YOU STAND UP

* LITERAL TRASLATION

LLAMARSE: ÉL SE LLAMA ANDRÉS
TO CALL ONE SELF: HIS NAME IS ANDRES
* HE CALLS HIMSELF ANDRES.

LLEVARSE BIEN: YO ME LLEVO BIEN CON...
TO GET ALONG: I GET ALONG WITH...

MIRARSE: ELLA SE MIRA EN EL ESPEJO
TO LOOK AT ONESELF: SHE LOOKS AT
HERSELF IN THE MIRROR

MUDARSE: ÉL SE MUDA A MIAMI
TO MOVE FROM ONE PLACE: HE MOVES TO
MIAMI

PEINARSE: YO ME PEINO
TO COMB: I COMB MY HAIR

PONERSE: USTEDES SE PONEN FURIOSOS
TO BECOME + FEELINGS: YOU GUYS BECOME
FURIOUS

PONERSE: NO NOS PONEMOS ZAPATOS
TO WEAR: WE DON'T WEAR SHOES
TO PUT ON

PREOCUPARSE: LA MAMÁ SE PREOCUPA
TO WORRY: THE MOM WORRIES

PROBARSE: YO ME PRUEBO EL SOMBRERO
TO TRY ON: I TRY ON THE HAT

QUEDARSE: USTED SE QUEDA EN QUITO
TO STAY: YOU STAY IN QUITO

QUITARSE: TÚ TE QUITAS EL SUÉTER
SACARSE: TÚ TE SACAS EL SUÉTER
TO TAKE OFF: YOU TAKE OFF YOUR SWEATER
TO REMOVE

SECARSE: EL GATO SE SECA
TO DRY ONESELF: THE CAT DRIES ITSELF.

SENTARSE: ELLOS SE SIENTAN
TO SIT DOWN: THEY SIT DOWN

SENTIRSE: ¿CÓMO TE SIENTES?
TO FEEL: HOW DO YOU FEEL?

VERSE: ELLA SE VE CANSADA
TO LOOK: SHE LOOKS TIRED

VESTIRSE: ELLOS SE VISTEN
TO DRESS : THEY DRESS

VOLVERSE: EL PERRO SE VUELVE AGRESIVO
TO BECOME: THE DOG BECOMES AGGRESSIVE

39. CUIDADO PERSONAL Y MI RUTINA DIARIA
PERSONAL CARE AND MY DAILY ROUTINE

1. EJERCICIO: COMPLETA CADA FRASE CON EL OBJETO CORRESPONDIENTE.
COMPLETE EACH SENTENCE WITH THE APPROPIATE OBJECT.

1. CUANDO HACE FRÍO YO ME ABRIGO CON MI _____ .
WHEN IT IS COLD I KEEP MYSELF WARM WITH MY COAT.

2. ÉL SE AFEITA LA CARA CON UNA _____ .
HE SHAVES HIS FACE WITH A RAZOR

3. ELLA SE BAÑA CON AGUA, _____ Y _____ .
SHE TAKES A BATH WITH WATER, SOAP AND SHAMPOO

4. NOSOTROS NOS SECAMOS CON UNA _____ .
WE DRY OURSELVES WITH A TOWEL

5. ELLAS SE VISTEN CON _____ ROSADOS.
THEY ARE DRESSED IN PINK DRESSES

6. LAS PERSONAS SE CEPILLAN LOS DIENTES CON UN _____
Y PASTA DENTAL. PEOPLE BRUSH THEIR TEETH WITH A
TOOTHBRUSH AND TOOTHPASTE.

7. ¿USTEDES SE PEINAN CON ESE _____?
DO YOU ALL COMB YOUR HAIR WITH THAT COMB?

8. TÚ TE COBIJAS CON ESTA _____ AZUL.
YOU COVER YOURSELF WITH THIS BLUE BLANKET.

9. JUAN SE PONE EL _____ GRIS PARA EVENTOS
ESPECIALES.
JUAN WEARS THE GRAY SUIT FOR SPECIAL EVENTS.

1. EL ABRIGO

2. EL CEPILLO

3. LA COBIJA

4. LA CUCHILLA
DE AFEITAR

5. EL CHAMPÚ

6. EL JABÓN

7. EL PEINE

8. LA TOALLA

9. EL VESTIDO

10. EL VESTIDO
DE HOMBRE

2. EJERCICIO: DEBAJO DE CADA DIBUJO ESCRIBE LA FRASE CORRESPONDIENTE.
UNDER EACH PICTURE WRITE THE CORRESPONDING SENTENCE.

1. ÉL VUELVE A SU
CASA A LAS 5PM.

2. ÉL SE AFEITA LA
BARBA

3. ÉL DESAYUNA

4. ÉL SE DUCHA

5. ÉL SE VISTE

6. ÉL LLEGA A SU OFICINA
A LAS 9AM.

7. ÉL SE LEVANTA

8. ÉL ALMUERZA A LAS
12:30M.

9. ÉL SE SIENTA A
TRABAJAR

10. ÉL SE DESPIERTA A
LAS 7AM.

11. ÉL SE CEPILLA LOS
DIENTES

12. ÉL SALE DE SU CASA A LAS
8:30AM.

LA RUTINA DIARIA DE JOSÉ ENTRE SEMANA
JOSE'S DAILY ROUTINE DURING THE WEEK

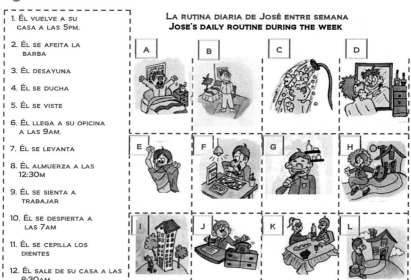

A   B   C   D

E   F   G   H

I   J   K   L

40. EXPRESANDO GUSTOS Y DISGUSTOS
EXPRESING LIKES AND DISLIKES

> A MI ME ENCANTA
> EL HELADO
> * I am delighted by ice cream
> **I LOVE ICE CREAM**

VERBOS REFLEXIVOS DE REACCIONES
REACTION REFLEXIVE VERBS

◦ THESE VERBS ARE SPECIAL BECAUSE THEY ARE IN PASSIVE VOICE, THE REAL SUBJECT IN THE SENTENCE IS NOT THE PERSON WHO IS REACTING TO SOMETHING. THE SUBJECT IS THE OBJECT THAT MAKES THE PERSON REACT. DO NOT CONJUGATE THEM AS A VERB OF ACTION AND NEVER USE THE PRONOUNS YO AND TÚ.

◦ IF WHAT YOU LIKE IS SINGULAR, THE VERB IS GOING TO BE IN SINGULAR FORM, BUT IF THE OBJECT IS PLURAL THE VERB IS GOING TO BE IN THE PLURAL FORM, BY ADDING THE LETTER 'N' AT THE END. FOR EXAMPLE:

A MI ME GUSTAN LAS FRESAS
*I am pleased by strawberries
I LIKE STRAWBERRIES

A MI ME GUSTA EL CHOCOLATE
*I am pleased by chocolate
I LIKE CHOCOLATE

IN ORDER TO CONJUGATE THESE VERBS, ADD THE WORD "A" BEFORE THE INDIRECT OBJECT (NAME OF A PERSON OR PRONOUN), AS FOLLOWS:
A + INDIRECT OBJECT

GUSTAR
TO LIKE

USE A INDIRECT PRONOUN:

ENCANTAR
TO LOVE THINGS AND ACTIVITIES

DISGUSTAR
TO DISLIKE

		GUSTAR	ENCANTAR	DISGUSTAR
A MI	ME	GUSTA(N)	ENCANTA(N)	DISGUSTA(N)
A TI	TE	GUSTA(N)	ENCANTA(N)	DISGUSTA(N)
A ÉL-ELLA-UD.	LE	GUSTA(N)	ENCANTA(N)	DISGUSTA(N)
A JUAN	LE	GUSTA(N)	ENCANTA(N)	DISGUSTA(N)
A NOSOTROS(AS)	NOS	GUSTA(N)	ENCANTA(N)	DISGUSTA(N)
A VOSOTROS(AS)	OS	GUSTA(N)	ENCANTA(N)	DISGUSTA(N)
A ELLOS(AS)-UDS.	LES	GUSTA(N)	ENCANTA(N)	DISGUSTA(N)
A MARCOS Y A ANA	LES	GUSTA(N)	ENCANTA(N)	DISGUSTA(N)

THE INDIRECT OBJECT IS OPTIONAL AND IS USED FOR CLARIFICATION OR EMPHASIS. YOU CAN DROP THE INDIRECT OBJECT.

FOR EXAMPLE:
TE GUSTAN LAS UVAS
YOU LIKE GRAPES

ME ENCANTA EL CAFÉ
I LOVE COFFEE

YOU CAN'T DROP INDIRECT PRONOUNS

◦ FOR NEGATIVE SENTENCES, ADD THE WORD NO BEFORE INDIRECT PRONOUNS,

FOR EXAMPLE:

A PEDRO NO LE GUSTA EL AJO
*Pedro is not pleased by garlic
PEDRO DOES NOT LIKE GARLIC

* LITERAL TRASLATION

40. LISTA DE VERBOS: EXPRESANDO GUSTOS Y DISGUSTOS
LIST OF VERBS: EXPRESSING LIKES AND DISLIKES

REACCIONES POSITIVAS
POSITIVE REACTIONS

AGRADAR: AGRADA(N)
To like

ENCANTAR: ENCANTA(N)
TO "LOVE" SOMETHING

FASCINAR: FASCINA(N)
TO BE FASCINATED BY

GUSTAR: GUSTA(N)
TO LIKE

INTERESAR : INTERESA(N)
TO BE INTERESTED IN

REACCIONES NEGATIVAS
NEGATIVE REACTIONS

ABURRIR: ABURRE(N)
TO BORE

ASUSTAR: ASUSTA(N)
TO BE SCARED OF

DESAGRADAR: DESAGRADA(N)
TO BOTHER, TO ANNOY

DISGUSTAR: DISGUSTA(N)
TO DISPLEASE/TO DISLIKE

DOLER: DUELE(N)
TO HURT

FASTIDIAR: FASTIDIA(N)
TO BOTHER, TO ANNOY

MOLESTAR: MOLESTA(N)
TO BOTHER, TO ANNOY

MORDER: MUERDE(N)
TO BITE WITH TEETH

PICAR: PICA(N)
**TO BITE WITH A BEAK OR A STINGER.
TO ITCH**

RASCAR: RASCA(N)
TO SCRATCH

¿CÓMO TE PARECE MIAMI?
*How does Miami seem to you?
HOW DO YOU LIKE MIAMI?
WHAT DO YOU THINK ABOUT MIAMI?

**EJERCICIO:. COMPLETA LAS SIGUIENTES FRASES USANDO GUSTA O GUSTAN
Y EL RESPECTIVO PRONOMBRE INDIRECTO (ME, TE, LE, NOS, OS, LES).
COMPLETE THE FOLLOWING SENTENCES USING GUSTA OR GUSTAN AND THE
RESPECTIVE INDIRECT PRONOUN (ME, TE, LE, NOS, OS, LES).**

1. A TU PAPÁ _____ _____ LA REVISTA ALÓ DE ESPAÑA.
   MAGAZINE

2. ¿A TI NO _____ _____ JUGAR CARTAS?
   TO PLAY CARDS?

3. A MI ESPOSO Y A MI NO _____ _____ LOS MISMOS
   PROGRAMAS DE TELEVISIÓN. **THE SAME**
   TV SHOWS.

4. A MÍ NO _____ _____ IR AL CINE.
   TO GO TO THE MOVIES

5. A PEPE NO _____ _____ HACER COMPRAS.
   TO SHOP

* LITERAL TRASLATION

CONTINUACIÓN...

6. A MÍ _____ _____ LAS ROSAS ROJAS.
RED ROSES

7. A TI _____ _____ LAS FRAMBUESAS.
RASPBERRIES

8. A LA CLASE _____ _____ MUCHO ESCUCHAR CANCIONES.
TO LISTEN TO SONGS

9. SEÑOR LÓPEZ, ¿A USTED _____ _____ ESTOS LIBROS?
THESE BOOKS?

10. A MI _____ _____ EL CAFÉ CON LECHE.
COFFEE WITH MILK

11. A TI _____ _____ LAS PELÍCULAS ROMÁNTICAS.
ROMANTIC MOVIES

12. A MI PADRE NO _____ _____ LA MÚSICA CLÁSICA.
CLASSICAL MUSIC

13. A LOS NIÑOS _____ _____ ESQUIAR EN LA NIEVE.
SNOW SKIING.

14. ¿A USTEDES _____ _____ ESTOS ZAPATOS BLANCOS?
THESE WHITE SHOES?

15. A JORGE NO _____ _____ IR AL DENTISTA
TO GO TO THE DENTIST

16. A MIS PRIMOS NO _____ _____ LAS VERDURAS.
VEGETABLES

17. A MI _____ _____ LOS PERROS.
DOGS

18. A MIS PADRES _____ _____ TOMAR TÉ TODOS LOS DÍAS Y
TODO EL DÍA. **TO HAVE TEA EVERY DAY; ALL**
DAY LONG.

19. A NOSOTROS _____ _____ VIAJAR A SUR AMÉRICA.
TO TRAVEL

20. A MI MEJOR AMIGA NO _____ _____ MONTAR EN CICLA.
TO RIDE BIKE

21. A ÉL NO _____ _____ ESE RESTAURANTE PARA NADA.
THAT RESTAURANT AT ALL.

22. A ELLOS _____ _____ MUCHO NAVEGAR EN SU BARCO.
TO SAIL ON THEIR BOAT A LOT.

40. ¿A TI QUÉ TE GUSTA HACER?
WHAT DO YOU LIKE TO DO?

LINA, PRESENTADORA DEL PROGRAMA DE TELEVISIÓN "FARÁNDULA", ESTÁ ENTREVISTANDO AL FAMOSO CANTANTE COLOMBIANO CARLOS VILLA.
LINA, THE HOST OF THE TV SHOW "FARÁNDULA", IS ENTERVIEWING THE FAMOUS COLOMBIAN SINGER CARLOS VILLA

LINA: HOLA CARLOS, ES UN PLACER TENERTE EN NUESTRO PROGRAMA ESTA NOCHE, BIENVENIDO.
HELLO CARLOS, IT'S A PLEASURE TO HAVE YOU IN OUR SHOW TONIGHT. WELCOME.

CARLOS: MUCHAS GRACIAS A TI, ES UN GUSTO COMPARTIR CONTIGO Y TUS TELEVIDENTES.
THANK YOU, IT'S A PLEASURE TO BE HERE WITH YOU AND YOUR VIEWERS.

LINA: BUENO, CUÉNTANOS ¿QUÉ TE GUSTA HACER CUANDO NO ESTÁS EN EL ESCENARIO CANTANDO?
WELL, TELL US, WHAT DO YOU LIKE TO DO WHEN YOU'RE NOT ON STAGE SINGING?

CARLOS: PUES ME FASCINA PRACTICAR DEPORTES ACUÁTICOS, ESQUIAR EN EL AGUA, NAVEGAR EN MI YATE Y PESCAR.
WELL I LOVE WATER SPORTS; WATER SKIING, SAILING AND FISHING ON MY YACHT.

LINA: ¿A TI TE GUSTA BUCEAR? DO YOU LIKE TO SCUBA DIVE?

CARLOS: SÍ, ME ENCANTA BUCEAR, BUCEO AL MENOS UNA VEZ POR MES. ME GUSTA MUCHO VER LOS ANIMALES BAJO EL AGUA, ES UN MUNDO MARAVILLOSO.
YES, I LOVE TO SCUBA DIVE, I DIVE AT LEAST ONCE A MONTH. I LOVE WATCHING THE ANIMALS UNDER THE WATER, IT IS A WONDERFUL WORLD.

LINA: BUENO Y ¿CÓMO TE PARECE LA VIDA DE LOS ANIMALES MARINOS EN LOS ACUARIOS?
OK. HOW DO YOU LIKE MARINE ANIMALS LIVING IN AQUARIUMS?

CARLOS: PUES ME PARECE MUY TRISTE QUE LOS ANIMALES VIVAN ENCERRADOS, NO ME GUSTA PARA NADA QUE ESTOS GRANDES ANIMALES VIVAN EN PEQUEÑOS ESPACIOS. ELLOS NECESITAN ESTAR LIBRES.
WELL, IT SEEMS VERY SAD TO ME THAT ANIMALS LIVE LOCKED UP, I DO NOT LIKE AT ALL THAT THESE BIG ANIMALS LIVE IN SMALL SPACES. THEY NEED TO BE FREE.

LINA: ¿ES VERDAD QUE NO TE GUSTA SALIR DE COMPRAS?
IS IT TRUE THAT YOU DO NOT LIKE TO SHOP?

CARLOS: SÍ, ME DISGUSTA IR A LOS CENTROS COMERCIALES, PREFIERO COMPRAR MI ROPA POR INTERNET.
YES, I DISLIKE GOING TO THE MALLS, I PREFER TO BUY MY CLOTHES ONLINE.

LINA: OÍ QUE TE INTERESA LA ACTUACIÓN Y QUE MUY PRONTO VAS A ACTUAR EN UNA TELENOVELA. I HEARD YOU ARE INTERESTED IN ACTING AND VERY SOON ARE GOING TO PERFORM IN A SOAP OPERA.

CARLOS: SÍ, ME INTERESA MUCHO EL MUNDO DE LA ACTUACIÓN, VOY A ACTUAR POR PRIMERA VEZ EN UN PAR DE MESES. YES, I AM REALLY INTERESTED IN THE WORLD OF ACTING. I WILL PERFORM FOR FIRST TIME IN A COUPLE OF MONTHS.

LINA: FELICITACIONES Y MUCHA SUERTE EN TU NUEVA CARRERA.
CONGRATULATIONS AND GOOD LUCK IN YOUR NEW CAREER.

Y A TI ¿QUÉ TE GUSTA HACER EN TU TIEMPO LIBRE?
WHAT DO YOU LIKE TO DO IN YOUR SPARE TIME?

40. PRACTICA: EXPRESANDO GUSTOS Y DISGUSTOS
PRACTICE: EXPRESSING LIKES AND DISLIKES

EJERCICIO: RESPONDE LAS SIGUIENTES PREGUNTAS:
ANSWER THE FOLLOWING QUETIONS:

1. ¿CÓMO TE PARECE MIAMI? _____
   HOW DO YOU LIKE MIAMI?

2. ¿TE AGRADA EL CLIMA DE MIAMI? _____
   DO YOU LIKE THE WEATHER IN MIAMI?

3. ¿QUÉ COSAS TE INTERESAN DE MIAMI? _____
   WHAT THINGS DO YOU FIND INTERESTING IN MIAMI?

4. ¿TE FASCINA ALGO DE MIAMI? _____
   DO YOU LOVE SOMETHING ABOUT MIAMI?

5. ¿TE MOLESTA ALGO DE MIAMI? _____
   DOES SOMETHING IN MIAMI BOTHER YOU?

41. PARTES DEL CUERPO: ¿DÓNDE TE DUELE?
BODY PARTS: WHERE DOES IT HURT?

ME DUELE LA ESPALDA
MY BACK HURTS

ME DUELEN LOS PIES
MY FEET HURT

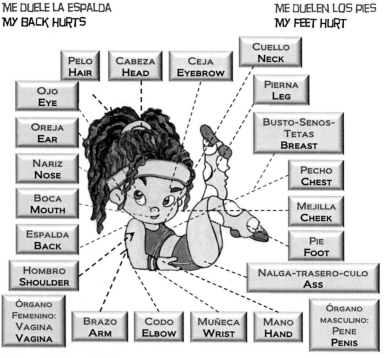

PELO — HAIR	CABEZA — HEAD	CEJA — EYEBROW	CUELLO — NECK
OJO — EYE			PIERNA — LEG
OREJA — EAR			BUSTO-SENOS-TETAS — BREAST
NARIZ — NOSE			PECHO — CHEST
BOCA — MOUTH			MEJILLA — CHEEK
ESPALDA — BACK			PIE — FOOT
HOMBRO — SHOULDER			NALGA-TRASERO-CULO — ASS
ÓRGANO FEMENINO: VAGINA — VAGINA	BRAZO — ARM / CODO — ELBOW	MUÑECA — WRIST / MANO — HAND	ÓRGANO MASCULINO: PENE — PENIS

42. EXPRESANDO ATRACCIÓN Y AMOR
EXPRESSING ATTRACTION AND LOVE

THE SPANISH LANGUAGE EXPRESSES LOVE AND PASSION IN A SPECIAL WAY. BECAUSE IT ALLOWS US TO COMMUNICATE THE DIFFERENT LEVELS OF ATTRACTION AND LOVE WE FEEL FOR ANOTHER PERSON. IN THE FOLLOWING PHRASES YOU WILL SEE WHAT I MEAN.

WHEN YOU USE THE VERB GUSTAR WITH PEOPLE, YOU ARE EXPRESSING THAT YOU FIND THEM PHYSICALLY ATTRACTIVE AND IF YOU USE ENCANTAR YOU ARE SAYING THAT ATTRACTION IS EVEN GREATER. IT MEANS YOU WANT THAT PERSON SEXUALLY.

ME CAES BIEN **I LIKE YOU** **ME CAE BIEN TU ESPOSA** **I LIKE YOUR WIFE**	THIS PHRASE COMMUNICATES THAT YOU LIKE SOMEONE IN A FRIENDLY WAY WITH NO ROMANTIC INTENTIONS.
ME GUSTAS **I LIKE YOU** **ME GUSTA JAVIER** **I LIKE JAVIER**	IF YOU USE THIS PHRASE, YOU ARE SAYING THAT YOU THINK HE OR SHE IS ATTRACTIVE, YOU WOULD LIKE TO HAVE A ROMANCE OR AT LEAST A KISS.
ME FASCINAS **ME ENCANTAS** **I'M REALLY ATTRACTED TO YOU.** **ME ENCANTA CÉSAR** **I'M REALLY ATTRACTED TO CESAR**	WITH THESE PHRASES YOU ARE SAYING THAT YOU ARE REALLY ATTRACTED TO HIM OR HER AND YOU WOULD LOVE TO HAVE A SEXUAL RELATIONSHIP.
TE DESEO **I WANT YOU**	THIS IS A DIRECT PHRASE TO EXPRESS SEXUAL DESIRE FOR ANOTHER PERSON.
TE QUIERO **I LOVE YOU**	THIS PHRASE ONLY EXPRESSES LOVE AND YOU CAN USE IT WITH EVERYBODY YOU LOVE, FRIENDS, LOVERS, PARTNERS, PETS AND FAMILY.
TE AMO **I LOVE YOU**	THIS PHRASE EXPRESSES A MORE INTENSE LOVE FOR SOMEONE. DO NOT USE IT WITH OBJECTS OR THINGS.

Amar VS Querer

Both verbs mean "to love". However AMAR is a stronger feeling than QUERER. For example:
Yo quiero a mi amigo
Yo amo a mi esposo.

42. Expresando amor Expressing love

Tiempo presente Verbo Querer	
Yo	Quiero
Tú	Quieres
Él-ella-ud.	Quiere
Nosotros(as)	Queremos
Vosotros(as)	Queréis
Ellos(as)-Uds.	Quieren

¿Cómo se dice en español "I love you"?
(How do you say in Spanish...?)
Se dice......Yo te quiero o Yo te amo
(You say.....)

(D.O.P.)

The underlined words, YOU and TE, are DIRECT OBJECT PRONOUNS.
Pronombres de objetos directos.

Direct Object Pronouns (D.O.P.)
Pronombres de Objetos directos

Me...... Me
Te....... You familiar, from Tú
Lo ...... Him - It masculine
You masculine formal, from usted
La....... Her-It feminine
You feminine formal, from usted
Los... Them masculine or mix group.
You plural masculine or mix group formal, from ustedes
Las ... Them feminine.
You plural feminine formal, from ustedes
Os ...... You plural familiar, from vosotros
Nos .... Us

Regla: Rule

✓ In Spanish, place the D.O.P. before the conjugated verb and after the subject.
✓ This rule is applied when we speak in any tense, present, past, future, etc.
✓ Only two exceptions exist for this rule:
1. In positive commands we place the D.O.P. after the verb, in the same way as in English, for example:
Mírame: Look at me
2. When two verbs are together, you have the choice to move the D.O.P. and attach it to the end of the second verb (infinitive or gerund). For example:
Yo quiero verte: I want to see you
Yo te quiero ver: I want to see you

Él está usándolo: He is using it
Él lo está usando: He is using it

In a sentence, D.O.P. replace people, animals or things affected by the action of the subject. For example:
"Yo te amo",
"Yo" is the subject of the sentence, "te" is the D.O.P. of the sentence, and the action is "amo".

Ejemplos: Examples

✓ ¿Tú me amas?
Do you love me?

✓ Él la quiere mucho.
He loves her a lot.

✓ Ella lo ama.
She loves him.

✓ Ellos nos quieren.
They love us.

✓ Nosotros los queremos.
We love them

Personal "a" is a preposition used immediately after an action verb that is affecting a specific person or pet.
"A" can be seen as a sign of respect. It's not used with objects and places. For example:

Yo quiero a mi tía VS Yo quiero un café
I love my aunt   I want a coffee

43. PRACTICANDO PRONOMBRES DE OBJETOS DIRECTOS
PRACTICING DIRECT OBJECT PRONOUNS

EJERCICIO:

ESCRIBE CADA FRASE REEMPLAZANDO LAS PALABRAS SUBRAYADAS CON EL CORRESPONDIENTE PRONOMBRE DE OBJETO DIRECTO: ME, TE , LO, LA, LOS, LAS Y NOS. WRITE EVERY SENTENCE REPLACING THE UNDERLINED WORD WITH THE CORRESPONDING D.O.P.

1. YO BUSCO A <u>MI PRIMO</u>: I LOOK FOR MY COUSIN.	I LOOK FOR HIIM.
2. ¿USTEDES NO VENDEN <u>ESOS CARROS</u>? DON'T YOU SELL THOSE CARS?	DON'T YOU SELL THEM?
3. SOFÍA ABRAZA A <u>SU HIJA</u>: SOFIA EMBRACES HER DAUGHTER.	SOFIA EMBRACES HER.
4. JORGE Y LUIS MIRAN A <u>LAS MUCHACHAS</u>: JORGE AND LUIS LOOK AT THE GIRLS.	JORGE AND LUIS LOOK AT THEM.
5. NOSOTROS COMPRAMOS <u>UNA CASA</u>: WE BUY A HOUSE.	WE BUY IT.
6. TÚ TRAES <u>EL VINO</u>: YOU BRING THE WINE.	YOU BRING IT.
7. LUCÍA NO HACE <u>LOS PASTELES DE QUESO</u>: SHE DOESN'T MAKE CHEESE PASTRIES.	SHE DOESN'T MAKE THEM.
8. ELLAS NO PUEDEN PREPARAR <u>LA COMIDA</u>: THEY CAN'T PREPARE THE FOOD.	THEY CAN'T PREPARE IT.
9. YO VEO <u>EL PROGRAMA DE TELEVISIÓN</u>: I WATCH THE TELEVISION PROGRAM.	I WATCH IT.
10. MARTÍN BESA A <u>SU NOVIA</u>: MARTIN KISSES HIS GIRLFRIEND.	MARTIN KISSES HER.
11. TÚ ESTÁS LAVANDO <u>MIS ZAPATOS</u>: YOU ARE WASHING MY SHOES.	YOU ARE WASHING THEM.
12. MI ABUELA QUIERE MUCHO A <u>SU GATA</u>: MY GRANDMOTHER LOVES HER CAT A LOT.	MY GRANDMOTHER LOVES HER A LOT.
13. JAIME Y CRISTIAN CUIDAN A <u>LOS NIÑOS</u>: JAIME Y CRISTIAN TAKE CARE OF THE KIDS.	JAIME Y CRISTIAN TAKE CARE OF THEM.
14. ANTONIO ESTÁ ESPERANDO A <u>MATÍAS</u>: ANTONIO IS WAITING FOR MATIAS.	ANTONIO IS WAITING FOR HIM.
15. YO NO ENTIENDO <u>EL TEMA</u>: I DON'T UNDERSTAND THE SUBJECT.	I DON'T UNDERSTAND IT.
16. ¿USTEDES ALQUILAN ESTOS APARTAMENTOS? DO YOU RENT THESE APARTMENTS?	DO YOU RENT THEM?

44. PRONOMBRES POSESIVOS
POSSESSIVE PRONOUNS

	ESPAÑOL	
ENGLISH	**SINGULAR**	**PLURAL**
MY CAT – MY CATS	MI GATO	MIS GATOS
YOUR CAT – YOUR CATS FAMILIAR	TU GATO	TUS GATOS
YOUR CAT – YOUR CATS FORMAL (USTED) AND PLURAL (USTEDES) HIS CAT – HIS CATS HER CAT – HER CATS THEIR CAT – THEIR CATS	SU GATO	SUS GATOS
OUR MALE CAT – OUR MALE CATS	NUESTRO GATO	NUESTROS GATOS
OUR FEMALE CAT - OUR FEMALE CATS	NUESTRA GATA	NUESTRAS GATAS

POSSESSIVE PRONOUNS CHANGE ACCORDING TO THE POSSESSION: SINGULAR, PLURAL, MASCULINE OR FEMININE.

ENGLISH	**SINGULAR**	**PLURAL**
MINE	MÍO-MÍA	MÍOS-MÍAS
YOURS FAMILIAR	TUYO-TUYA	TUYOS-TUYAS
YOURS SINGULAR FORMAL (USTED) **YOURS PLURAL FORMAL** (USTEDES) **HIS – HERS - THEIRS**	SUYO-SUYA	SUYOS-SUYAS
YOURS PLURAL FAMILIAR (VOSOTROS)	VUESTRO VUESTRA	VUESTROS VUESTRAS
OURS	NUESTRO NUESTRA	NUESTROS NUESTRAS

45. PAÍSES Y NACIONALIDADES: COUNTRIES AND NATIONALITIES

País	Nacionalidad
AFGANISTÁN	AFGANO / AFGANA
ALEMANIA	ALEMÁN / ALEMANA
ARABIA SAUDITA	ÁRABE / ÁRABE
ARGENTINA	ARGENTINO / ARGENTINA
AUSTRALIA	AUSTRALIANO / AUSTRALIANA
BÉLGICA	BELGA / BELGA
BOLIVIA	BOLIVIANO / BOLIVIANA
BRASIL	BRASILERO / BRASILERA
CAMBOYA	CAMBOYANO / CAMBOYANA
CANADÁ	CANADIENSE / CANADIENSE
CHILE	CHILENO / CHILENA
CHINA	CHINO / CHINA
COLOMBIA	COLOMBIANO / COLOMBIANA
COREA	COREANO / COREANA
COSTA RICA	COSTARRICENSE / COSTARRICENSE
CUBA	CUBANO / CUBANA
DINAMARCA	DANÉS / DANESA
ECUADOR	ECUATORIANO / ECUATORIANA
EGIPTO	EGIPCIO / EGIPCIA
EL SALVADOR	SALVADOREÑO / SALVADOREÑA
ESPAÑA	ESPAÑOL / ESPAÑOLA
ESTADOS UNIDOS	ESTADOUNIDENSE / ESTADOUNIDENSE
ESTONIA	ESTONIO / ESTONIA
ETIOPIA	ETIOPE / ETIOPE
FILIPINAS	FILIPINO / FILIPINA
FINLANDIA	FINLANDÉS / FINLANDESA
FRANCIA	FRANCÉS / FRANCESA
GALES	GALÉS / GALESA
GRECIA	GRIEGO / GRIEGA
GUATEMALA	GUATEMALTECO / GUATEMALTECA
HAITÍ	HAITIANO / HAITIANA
HOLANDA	HOLANDÉS / HOLANDESA
HONDURAS	HONDUREÑO / HONDUREÑA

País	Nacionalidad
INDIA	INDIO / INDIA
INDONESIA	INDONÉS / INDONESA
INGLATERRA	INGLÉS / INGLESA
IRLANDA	IRLANDÉS / IRLANDESA
ISRAEL	ISRAELÍ / ISRAELÍ
ITALIA	ITALIANO / ITALIANA
JAPÓN	JAPONÉS / JAPONESA
JORDANIA	JORDANO / JORDANA
LAOS	LAOSIANO / LAOSIANA
LETONIA	LETÓN / LETONA
LITUANIA	LETONÉS / LETONESA
MALASIA	MALAYO / MALAYA
MARRUECO	MARROQUÍ / MARROQUÍ
MÉXICO	MEXICANO / MEXICANA
NICARAGUA	NICARAGÜENSE / NICARAGÜENSE
NORUEGA	NORUEGO / NORUEGA
NUEVA ZELANDA / NUEVA ZELANDIA	NEOCELANDÉS / NEOCELANDESA
PANAMÁ	PANAMEÑO / PANAMEÑA
PARAGUAY	PARAGUAYO / PARAGUAYA
PERÚ	PERUANO / PERUANA
POLONIA	POLACO / POLACA
PORTUGAL	PORTUGUÉS / PORTUGUESA
PUERTO RICO	PUERTORRIQUEÑO / PUERTORRIQUEÑO
REPÚBLICA DOMINICANA	DOMINICANO / DOMINICANA
RUMANIA	RUMANO / RUMANA
RUSIA	RUSO / RUSA
SUECIA	SUECO / SUECA
SUIZA	SUIZO / SUIZA
TAILANDIA	TAILANDÉS / TAILANDESA
TAIWÁN	TAIWANES / TAIWANESA
TURQUÍA	TURCO / TURCA
UCRANIA	UCRANIANO / UCRANIANA
URUGUAY	URUGUAYO / URUGUAYA
VENEZUELA	VENEZOLANO / VENEZOLANA
VIETNAM	VIETNAMITA / VIETNAMITA

46. RESPUESTAS
ANSWERS

PÁG. 8

A: 6	B: 8	C: 5	D: 1	E: 13	F: 3	G: 4
H: 14	I: 11	J: 12	K: 2	L: 9	M: 7	N: 10

PÁG. 14

1.	ÉL ES RICKY MARTIN	ÉL ES DE PUERTO RICO	ÉL ES CANTANTE Y BAILARÍN
2.	ELLA ES SHAKIRA	ELLA ES DE COLOMBIA	ELLA ES CANTANTE, COMPOSITORA Y BAILARINA
3.	ELLOS SON GLORIA Y EMILIO ESTÉFAN	ELLOS SON DE CUBA	ELLA ES CANTANTE Y ÉL ES PRODUCTOR

PÁG. 17

1.	15 QUINCE	5 CINCO	10 DIEZ
2.	3 TRES	9 NUEVE	12 DOCE
3.	8 OCHO		
4.	UN	UNA	DOS
5.	11 ONCE		
6.	6 SEIS	7 SIETE	
7.	13 TRECE	14 CATORCE	
8.	21 VEINTE Y UNO/VEINTIUNO	20 VEINTE	
9.	55 CINCUENTA Y CINCO		
10.	77 SETENTA Y SIETE	66 SESENTA Y SEIS	
11.	100 CIEN		
12.	1915 MIL NOVECIENTOS QUINCE		

PÁG. 19

1)	15-07	EL QUINCE DE JULIO.
2)	03-05	EL TRES DE MAYO.
3)	24-12	EL VEINTICUATRO DE DICIEMBRE.
4)	1987	MIL NOVECIENTOS OCHENTA Y SIETE.
5)	1575	MIL QUINIENTOS SETENTA Y CINCO.
6)	02-02-1986	EL DOS DE FEBRERO DE MIL NOVECIENTOS OCHENTA Y SEIS.
7)	20-08-2010	EL VEINTE DE AGOSTO DE DOS MIL DIEZ.
8)	19-11- 1999	EL DIECINUEVE DE NOVIEMBRE DE MIL NOVECIENTOS NOVENTA Y NUEVE.
9)	06-09-1967	EL SEIS DE SEPTIEMBRE DE MIL NOVECIENTOS SESENTA Y SIETE.
10)	1750	MIL SETECIENTOS CINCUENTA.

46. RESPUESTAS
ANSWERS

PÁG. 21

1.	7:00 PM	SON LAS SIETE EN PUNTO DE LA NOCHE
2.	11:45 AM	SON LAS ONCE Y CUARENTA Y CINCO DE LA MAÑANA SON LAS DOCE MENOS QUINCE/CUARTO DE LA TARDE.
3.	12:00 PM	SON LAS DOCE DEL DÍA ES EL MEDIO DÍA
4.	1:25 PM	ES LA UNA Y VEINTICINCO DE LA TARDE
5.	2:30 PM	SON LAS DOS Y MEDIA/TREINTA DE LA TARDE
6.	4:57 PM	SON LAS CUATRO Y CINCUENTA Y SIETE DE LA TARDE SON LAS CINCO MENOS TRES MINUTOS DE LA TARDE
7.	10:22 PM	SON LAS DIEZ Y VEINTIDOS/VEINTE Y DOS DE LA NOCHE
8.	9:35 AM	SON LAS NUEVE Y TREINTA Y CINCO DE LA MAÑANA
9.	3:15 AM	SON LAS TRES Y QUINCE/CUARTO DE LA MAÑANA
10.	5:13 PM	SON LAS CINCO Y TRECE DE LA TARDE
11.	6:26 PM	SON LAS SEIS Y VEINTISEIS/VEINTE Y SEIS DE LA TARDE
12.	8:58 PM	SON LAS OCHO Y CINCUENTA Y OCHO DE LA NOCHE SON LAS NUEVE MENOS DOS MINUTOS DE LA NOCHE

PÁG. 22

1. ¿QUÉ DÍA ES HOY?   HOY ES JUEVES
2. ¿CUÁL ES LA FECHA DE HOY? HOY ES PRIMERO DE ENERO
3. ¿QUÉ HORA ES? SON LAS CUATRO Y VEINTIDOS/VEINTE Y DOS DE LA TARDE
4. UN AÑO TIENE TRESCIENTOS SESENTA Y CINCO DÍAS.
5. LA FIESTA ES EL DOCE DE JULIO
6. ¿A QUÉ HORA ES NUESTRA CLASE? NUESTRA CLASE ES A LAS SEIS Y TREINTA/MEDIA DE LA TARDE
7. ¿CUÁNDO ES TU CUMPLEAÑOS? MI CUMPLEAÑOS ES EL _____ DE _____   DÍA   MES

46. RESPUESTAS
ANSWERS

PÁG. 26

1. LA COCINA	7. LA TAZA	13. EL AGUA
2. LA CUCHARA	8. EL PLATO	14. LA LIBERTAD
3. EL CUCHILLO	9. LA MANSIÓN	15. LA MESA
4. EL TENEDOR	10. EL AVIÓN	16. EL MASAJE
5. LA COMIDA	11. LA CIUDAD	17. EL PROGRAMA
6. EL PROBLEMA	12. LA SERVILLETA	18. LA VERDAD

PÁG. 28
EJERCICIO 1

1. EL DÍA	7. EL TEMA
2. LA ACCIÓN	8. EL EQUIPO
3. LA NARANJA	9. EL SOFÁ
4. EL PUERTO	10. LA ALFOMBRA
5. EL PASAJE	11. EL LAPICERO
6. EL MAPA	12. EL LEMA

EJERCICIO 2

1. LA CERVEZA	5. EL HOMBRE
2. EL HURACÁN	6. EL PROBLEMA
3. LA MANZANA	7. EL PEAJE
4. LA EDUCACIÓN	8. LA ENFERMEDAD

PÁG. 30

1. EL PROFESOR: LA PROFESORA	6. EL PINTOR: LA PINTORA
2. EL BAILARÍN: LA BAILARINA	7. EL PADRE: LA MADRE
3. EL PIANISTA: LA PIANISTA	8. EL PRESIDENTE: LA PRESIDENTE
4. EL GERENTE: LA GERENTE	9. EL TAXISTA: LA TAXISTA
5. EL REY: LA REINA	10. EL HOMBRE: LA MUJER

PÁG. 31

1. EL LUNES: LOS LUNES	5. ESTE GERENTE: ESTOS GERENTES	9. EL TOMATE: LOS TOMATES
2. ESA FLOR: ESAS FLORES	6. UNA PIEL: UNAS PIELES	10. UN HOTEL: UNOS HOTELES
3. LA LUZ: LAS LUCES	7. ESE TREN: ESOS TRENES	11. ESTE DIENTE: ESTOS DIENTES
4. UN PIE: UNOS PIES	8. ESTA CLASE: ESTAS CLASES	12. LA NARIZ: LAS NARICES

46. RESPUESTAS
ANSWERS

PÁG. 33

1. LOS SEÑORES SON ATRACTIVOS
2. LOS HOTELES SON NUEVOS
3. LA FLOR ES BELLA
4. EL DÍA ESTÁ FRÍO
5. EL TREN ES RÁPIDO
6. LA PRIMAVERA ES LINDA
7. LAS CANCIONES SON ROMÁNTICAS
8. LAS PELÍCULAS SON DIVERTIDAS
9. LA VACA ES GORDA
10. LOS POSTRES SON DELICIOSOS
11. EL INVIERNO ES MUY LARGO
12. EL VERANO ES CORTO
13. LAS TARDES SON HERMOSAS
14. LA MAÑANA ESTÁ OSCURA
15. LA NIEVE ES BLANCA
16. LAS TORRES SON MUY ALTAS
17. LOS HOTELES SON COSTOSOS
18. EL PERRO ES EL MEJOR AMIGO DEL HOMBRE.
19. LOS PARQUES SON GRANDES
20. LA CAJA ES ROJA
21. LA SEÑORA ES VIEJA
22. LOS ZAPATOS SON NEGROS
23. LOS LIBROS SON AMARILLOS
24. LA PINTURA ES FEA
25. LA COCINA ESTÁ LIMPIA
26. EL OCÉANO ES INMENSO
27. ESOS MUEBLES SON BARATOS
28. EL NIÑO ES DELGADO
29. LOS PROGRAMAS SON ABURRIDOS
30. EL/LA JOVEN ES CHISTOSO/CHISTOSA

PÁG. 35

1. LOS NIÑOS ESTÁN FELICES

2. PEDRO ESTÁ TRISTE

3. LUIS ESTÁ PREOCUPADO

4. ANITA Y JUAN ESTÁN ENAMORADOS

5. LINA ESTÁ ABURRIDA

6. ALBERTO ESTÁ CANSADO

7. MARCOS ESTÁ ENOJADO

PÁG. 37: EJERCICIO 3

1. EL PÁJARO ESTÁ AFUERA DE LA JAULA
2. EL PÁJARO ESTÁ ADENTRO DE LA JAULA.
3. EL PÁJARO ESTÁ A LA DERECHA DE LA FLOR.
4. EL PÁJARO ESTÁ A LA IZQUIERDA DE LA FLOR.

PÁG. 36

1. HERNANDO ESTÁ MUY PREOCUPADO PORQUE SU HIJO VA A TENER UNA OPERACIÓN EN LA PIERNA.

2. TERESA ESTÁ CANSADA PORQUE MONTÓ BICICLETA POR 3 HORAS.

3. LUCÍA, PATRICIA Y ANTONIO HOY ESTÁN OCUPADOS RESPONDIENDO TODAS LAS CARTAS QUE LES ENVIARON SUS CLIENTES.

4. MIS PADRES ESTÁN FELICES, YA QUE COMPRARON UNA CASA MUY LINDA EN EL CAMPO.

5. SANDRA ESTÁ ENOJADA CON SU ESPOSO, PORQUE ÉL OLVIDÓ SU ANIVERSARIO DE MATRIMONIO.

6. MARÍA, ¿TE VAS A CASAR MAÑANA? ¿ESTÁS NERVIOSA?

7. ESTE RESTAURANTE ESTÁ TRANQUILO, POR ESO QUIERO CENAR AQUÍ.

8. MARCELA Y ROBERTO ESTÁN ENAMORADOS, POR ESO VAN A CASARSE EN UN MES.

PÁG. 37: EJERCICIO 4

1. AUSTRALIA ESTÁ LEJOS DE VENEZUELA

2. PERÚ ESTÁ CERCA DE BOLIVIA

3. MI LIBRO ESTÁ AQUÍ, EN MIS MANOS.

4. LA FARMACIA ESTÁ ALLÍ/AHÍ, EN LA ESQUINA.

46. RESPUESTAS
ANSWERS

PÁG. 38

1. EL PERRO ESTÁ ENCIMA DE LA MESA Y AL LADO DE LA NIÑA
2. EL PÁJARO ESTÁ EN EL HOMBRO DE LA NIÑA.
3. LA ARDILLA ESTÁ DEBAJO DE LA MESA.
4. LA NIÑA ESTÁ DETRÁS DE LA MESA.
5. EL MALETÍN ESTÁ DEBAJO DE LA MESA

PÁG. 39

EL ARMARIO: THE WARDROBE
LA BAÑERA: THE BATHTUB
EL BAÑO: THE BATHROOM
LA CAMA: THE BED
LA COCINA: THE KITCHEN
EL COMEDOR: THE DINING-ROOM
EL DORMITORIO: THE BEDROOM
LA ESCALERA: THE STAIRWAY
EL ESPEJO: THE MIRROR
LA ESTUFA: THE STOVE
LOS GABINETES: THE CABINETS
EL HORNO: THE OVEN
EL INODORO: THE TOILET

LA LÁMPARA: THE LAMP
EL LAVAMANOS: THE SINK
LA MESA: THE TABLE
LA NEVERA: THE REFRIGERATOR
LA PARED: THE WALL
LA PUERTA: THE DOOR
LA REPISA: THE SHELF
LA SALA: THE LIVING ROOM
LA SILLA: THE CHAIR
EL SILLÓN: THE ARMCHAIR
EL SOFÁ: THE SOFA
EL TAPETE: THE RUG
LA VENTANA: THE WINDOW

PÁG. 40

1. LA VENTANA ESTÁ ABIERTA	2. LA VENTANA ESTÁ CERRADA
3. ESTE CUARTO ESTÁ ORDENADO	4. ESTE CUARTO ESTÁ DESORDENADO
5. EL ARMARIO ESTÁ LLENO	6. EL ARMARIO ESTÁ VACÍO
7. ESTA CAMISETA ESTÁ SUCIA	8. ESTA CAMISETA ESTÁ LIMPIA
9. EL ZAPATO ESTÁ VIEJO	10. EL ZAPATO ESTÁ NUEVO

PÁG. 41   EJERCICIO 8

EL RELOJ: DAÑADO – BIEN
LOS TELÉFONOS: OCUPADOS – DESOCUPADOS
LAS DROGUERÍAS: ABIERTAS – CERRADAS
EL PISO: SUCIO – LIMPIO
LA COPA: LLENA-VACÍA
LA ARAÑA: VIVA – MUERTA

PÁG. 41   EJERCICIO 9

1. LOS TELÉFONOS NO ESTÁN OCUPADOS, ESTÁN DESOCUPADOS.
2. LAS DROGUERÍAS NO ESTÁN ABIERTAS, ESTÁN CERRADAS.
3. EL PISO NO ESTÁ SUCIO, ESTÁ LIMPIO.
4. LA COPA NO ESTÁ LLENA, ESTÁ VACÍA.
5. LA ARAÑA NO ESTÁ VIVA, ESTÁ MUERTA

PÁG. 42

1. NOSOTROS ESTAMOS LISTOS
2. VÍCTOR ESTÁ DE VACACIONES
3. YO NO ESTOY DE ACUERDO CON MIS VECINOS.
4. SU GATO/EL GATO DE ELLA ESTÁ VIVO.

5. TÚ ESTÁS A PUNTO DE TERMINAR TU TAREA.
6. YO NO ESTOY SEGURA DEL PRECIO.
7. MIS PADRES ESTÁN DE REGRESO MAÑANA.

46. RESPUESTAS
ANSWERS

PÁG. 43

AMAR:	AMANDO
CAMINAR:	CAMINANDO
BAILAR:	BAILANDO
COMPRAR.	COMPRANDO
ESCUCHAR:	ESCUCHANDO
TOMAR:	TOMANDO

BEBER:	BEBIENDO
COMER:	COMIENDO
CORRER:	CORRIENDO
CREER:	CREYENDO
LEER:	LEYENDO
VENDER:	VENDIENDO

ASISTIR A:	ASISTIENDO A
DECIDIR:	DECIDIENDO
DISCUTIR:	DISCUTIENDO
ESCRIBIR:	ESCRIBIENDO
PERMITIR:	PERMITIENDO
SUFRIR:	SUFRIENDO

PÁG. 45

MANUEL:	ALÓ
ESTUDIANTE:	SÍ. ¿ALÓ? POR FAVOR ¿PUEDO HABLAR CON MANUEL?
MANUEL:	SÍ. ÉL HABLA
ESTUDIANTE:	HOLA MANUEL, ¿CÓMO ESTÁS?
MANUEL:	BIEN Y ¿TÚ?
ESTUDIANTE:	!SUPER BIEN! Y ¿QUÉ ESTÁS HACIENDO?
MANUEL:	ESTOY COCINANDO UNA PAELLA PARA LA CENA. Y ¿TÚ? ¿EN QUÉ ANDAS?
ESTUDIANTE:	!OH! ¿YO? PUES... REALMENTE ESTOY PENSANDO MUCHO EN TI Y POR ESO ESTOY LLAMÁNDOTE.

PÁG. 46

1. ELLA ESTÁ SOPLANDO LAS VELAS.
2. ELLOS ESTÁN BAILANDO
3. ELLOS ESTÁN CHARLANDO
4. ELLOS ESTÁN COMIENDO
5. ÉL ESTÁ DURMIENDO

PÁG. 51

1. YO AMO A MI NOVIO
2. TÚ BAILAS MERENGUE
3. ELLA BUSCA SU DINERO
4. NOSOTROS CAMINAMOS EN/POR LA PLAYA.
5. USTEDES CANTAN BIEN.
6. ELLOS NO COMPRAN PAN
7. SUSANA Y MARÍA ENTRAN EN LA COCINA.
8. USTEDES ESCUCHAN MÚSICA
9. MIGUEL Y YO ESPERAMOS EL BUS
10. ÉL NO ESTUDIA ESPAÑOL
11. USTED HABLA RÁPIDO.
12. YO LLEGO A MIAMI
13. USTEDES LLEVAN CAJAS
14. TÚ MIRAS EL OCÉANO
15. ELLOS PAGAN AL COMIDA
16. ELLA NO PRACTICA
17. USTED NO ACARICIA A LOS PERROS.
18. TÚ TOCAS LA FLOR.
19. NOSOTROS TOMAMOS UN TAXI
20. USTEDES TRABAJAN EN EL MUSEO.
21. ELLA NO ENVÍA POSTALES.
22. NOSOTROS TOMAMOS VITAMINAS.
23. USTEDES TOCAN PIANO
24. ELLOS HABLAN POR TELÉFONO
25. YO NECESITO UN VASO DE AGUA.
26. ÉL CHARLA CON SU HERMANO
27. MI ESPOSO Y YO COCINAMOS ARROZ.
28. ELLOS CANTAN UNA CANCIÓN.
29. YO NO BAILO SALSA
30. TÚ AMAS A TU PERRO.
31. USTEDES NO ESCUCHAN
32. EL NOVIO BESA A LA NOVIA.

PÁG. 47

1. ESTOS QUESOS ESTÁN FRESCOS
2. MIS OJOS SON VERDES
3. JULIO ES DE ESPAÑA.
4. YO ESTOY EN LA PLAYA.
5. NOSOTROS SOMOS HERMANOS
6. ELLOS NO ESTÁN DE ACUERDO.
7. HOY ES JUEVES.
8. OBAMA ES EL PRESIDENTE
9. TÚ ESTÁS PREOCUPADA
10. MI CARRO ESTÁ DESORDENADO
11. LOS GATOS ESTÁN JUGANDO.
12. GRACIAS, LA COMIDA ESTÁ DELICIOSA.

PÁG. 52: VERBOS ER

1. YO COMO CARNE
2. TÚ NO TOMAS CERVEZA.
3. ELLA CORRE POR EL PARQUE
4. NOSOTROS APRENDEMOS ESPAÑOL
5. USTEDES CREEN EN FANTASMAS.
6. TODOS/TODAS LAS PERSONAS COMETEN ERRORES.
   TODA LA GENTE COMETE ERRORES.
7. YO NO LEO EL PERIÓDICO.
8. USTED DEBE APRENDER.
9. MIGUEL DEBE UN DÓLAR
10. MI HERMANA Y YO VENDEMOS ZAPATOS
11. USTEDES ROMPEN LAS REGLAS.
12. EL COCINERO METE EL POLLO EN EL HORNO.
13. TÚ NO COMES VERDURAS.
14. YO CREO
15. ELLOS METEN LAS GALLETASS EN LA CAJA.
16. NADIE RESPONDE.

46. RESPUESTAS
ANSWERS

PÁG. 52: VERBOS IR

1. USTED NO ABRE LA PUERTA.
2. TÚ ASISTES A LA ESCUELA.
3. NOSOTROS CUBRIMOS LAS MESAS.
4. USTEDES DECIDEN LA FECHA.
5. EL LIBRO DESCRIBE EL PROCESO.
6. ELLOS DISCUTEN EL TEMA.
7. NOSOTROS ESCRIBIMOS CARTAS.
8. LOS DINOSAURIOS NO EXISTEN HOY EN DÍA.
9. YO DESCUBRO ERRORES.
10. MI JEFE NO PERMITE HABLAR.
11. ELLA RECIBE REGALOS.
12. LOS GATOS SUBEN EL ÁRBOL
13. ELLOS SUFREN DE ALERGIAS.
14. TÚ VIVES CON TU HERMANO.
15. USTEDES ABREN LA TIENDA
16. YO RECIBO INFORMACIÓN

PÁG. 55: EJERCICIO 1

1. ¿TÚ COMES CARNE?
2. ¿ÉL TOMA/BEBE CERVEZA?
3. ¿ELLOS LEEN REVISTAS?
4. ¿USTEDES VIVEN EN MIAMI?
5. ¿ELLA BAILA TANGO?
6. ¿TÚ TRABAJAS AQUÍ?
7. ¿MARIO LLEGA HOY?
8. ¿TÚ Y YO PAGAMOS TODO?
9. ¿TÚ ERES VENEZOLANO-A?
10. ¿ÉL ES TU HERMANO?

PÁG. 55: EJERCICIO 2

1. ¿DÓNDE VIVES TÚ?
2 ¿CÓMO COCINA ELLA EL ARROZ?
3. ¿CUÁNDO BEBEN/TOMAN ELLOS VINO BLANCO?
4. ¿POR QUÉ USTEDES SIEMPRE DECIDEN?
5. ¿QUIÉN BAILA BIEN SALSA?
6. ¿QUÉ VENDES TÚ?
7. ¿POR QUÉ ELLOS NO COMEN CAMARONES?
8. ¿DÓNDE TRABAJAN USTEDES?
9. ¿A QUIÉN LE ENVÍAS/MANDAS AMOR?
10. ¿DE QUIÉN ES ESTA BOLSA?
11. ¿CUÁNTAS CAJAS TIENES TÚ?
12. ¿CUÁNTO VALE ESTE PERRO?
13. ¿CÓMO TE LLAMAS TÚ?/ ¿CUÁL ES TU NOMBRE?
14. ¿CUÁL ES TU/SU LIBRO?
15. ¿CUÁNTOS AÑOS TIENE ÉL?
16. ¿CUÁL ES TU/SU DIRECCIÓN?

PÁG. 53

YO ESTOY ENAMORADA

HOLA, ME LLAMO ALEJANDRA. YO SOY COLOMBIANA. PERO AHORA YO VIVO SOLA EN MIAMI BEACH. YO SOY SOLTERA PERO TENGO NOVIO Y ESTOY ENAMORADA DE ÉL. ÉL ES DE BOSTON, VIVE EN BOCA RATÓN Y ÉL ES TRABAJADOR SOCIAL. YO ESTUDIO NEGOCIOS DURANTE EL DÍA Y TRABAJO EN UN RESTAURANTE POR/EN LA NOCHE. YO VIVO CERCA DE LA PLAYA. TODAS LAS MAÑANAS TOMO/BEBO CAFÉ, POR SUPUESTO, CAFÉ COLOMBIANO Y ENTONCES/LUEGO CAMINO O CORRO POR/EN LA PLAYA. LUEGO/ENTONCES CUANDO REGRESO A MI CASA PREPARO MI DESAYUNO. SIEMPRE TOMO/BEBO UN JUGO DE NARANJA, COMO UNA FRUTA Y PAN CON MANTEQUILLA Y MERMELADA. ALGUNAS VECES/A VECES COMO UN HUEVO. MI DESAYUNO ES GRANDE PORQUE YO CREO QUE ES LA COMIDA PRINCIPAL DEL DÍA. YO SIEMPRE ESPERO EL FIN DE SEMANA CON EMOCIÓN PORQUE MI NOVIO Y YO PASAMOS EL TIEMPO JUNTOS. NOSOTROS PASAMOS BIEN/DISFRUTAMOS. NOSOTROS ALMORZAMOS, HABLAMOS, ESCUCHAMOS MÚSICA, BAILAMOS Y CANTAMOS. ÉL TOCA LA GUITARRA MUY BIEN. A VECES COCINAMOS PLATOS ESPECIALES O CENAMOS EN UN RESTAURANTE. SÍ, YO ESTOY ENAMORADA DE ÉL PORQUE ÉL ES MUY DIVERTIDO, LINDO Y CARIÑOSO.

PÁG. 56

HOY ES MIÉRCOLES. MI AMIGA LUISA Y YO ESTAMOS EN LA PLAYA. YO ESTOY ACOSTADA Y ELLA ESTÁ SENTADA EN UNA CÓMODA SILLA. NOSOTRAS ESTAMOS FELICES Y RELAJADAS. YA QUE HOY ES UN DÍA DE SEMANA, NO HAY TANTAS PERSONAS EN LA PLAYA COMO EN EL FIN DE SEMANA. HAY MUCHOS PÁJAROS. HAY UN NIÑO QUE ESTÁ VOLANDO UNA COMETA Y DOS MUCHACHOS QUE ESTÁN JUGANDO CON UNA BOLA. HAY UNA NIÑA QUE ESTÁ HACIENDO UN CASTILLO DE ARENA. NO HAY PERROS YA QUE NO SON PERMITIDOS EN LA PLAYA. HAY ALGUNOS BARCOS EN EL HORIZONTE. NO HAY RESTAURANTES AQUÍ, PERO HAY UNA PEQUEÑA CHOZA QUE VENDE BEBIDAS, PASABOCAS, BRONCEADORES, PROTECTORES SOLARES Y TOALLAS. ELLOS TAMBIÉN RENTAN/ALQUILAN SOMBRILLAS Y SILLAS. HAY MUCHO SOL, PAZ Y FELICIDAD EN LA PLAYA.

46. RESPUESTAS
ANSWERS

PÁG. 57

1. Es invierno, está nevando y María tiene mucho frío.
2. Es verano, está haciendo mucho sol y yo tengo mucho calor y mucha sed.
3. Héctor tiene prisa, por eso él está corriendo.

PÁG. 58

4. Yo tengo suerte, siempre gano en el casino.
5. Nosotros tenemos mucho sueño y por eso vamos a tomar una siesta.
6. Rosita, ¿tú tienes miedo de las abejas?
7. Ellos tienen mucha hambre y tienen muchas ganas de comer hamburguesa y pizza.
8. Pobrecita Mónica, ella tiene mucho dolor de muela y tiene que ir al dentista.
9. Matías está comiendo un perro caliente porque él tiene hambre.
10. María y Darío están tomando agua porque ellos tienen sed.
11. El hijo de Elena tiene celos de su nuevo hermanito.
12. Tus sobrinas tienen miedo de las arañas.
13. Ahora el presidente va a hablar o él tiene la palabra.
14. La reunión es en el hotel Hilton o tiene lugar en el hotel Hilton.
15. Yo quiero un helado de vainilla o yo tengo ganas de un helado de vainilla.
16. En invierno las personas tienen mucho frío.
17. En verano las personas tienen mucho calor.
18. ¿Por qué tú estás manejando el carro tan rápido? ¿Tú tienes prisa?
19. ¿Quién tiene la respuesta correcta? o ¿Quién tiene razón?
20. Cuántos años tienes tú? Yo tengo 35 años.

PÁG. 59

21. Cuando usted quiere tener algo que otra persona tiene, a veces usted tiene envidia.
22. Cuando yo no duermo bien en la noche, yo tengo sueño todo el día.
23. Esta noche ustedes deben trabajar o tienen que trabajar .
24. No entiendo lo que ella dice o lo que ella dice no tiene sentido.
25. Hay personas que siempre ganan las rifas y las loterías, entonces decimos que ellos tienen mucha suerte.
26. Las madres siempre les dicen a sus hijos: tú debes tener cuidado cuando atravieses la calle.
27. ¿Tú tienes fiebre y dolor de garganta? Entonces tú tienes un resfrío.
28. Tanto mujeres como hombres tienen mucho éxito en los negocios.

PÁG. 60

1. Yo hago mercado todos los viernes.
2. Tú haces ejercicio tres veces por semana.
3. Ellos hacen compras en tiendas costosas/caras.
4. Hace muy mal clima durante las tormentas.
5. Hace buen clima en octubre.
6. Hace solo y calor en verano.

PÁG. 61

El ajo: Garlic
El atún: Tuna
Los camarones: Shrimp
El cangrejo: Crab
La carne de res: Beef
La cebolla: Onion
El cerdo: Pork
La espinaca: Spinach
Los huevos: Eggs
La langosta: Lobster
La lechuga: Lettuce
La leche: Milk
La mantequilla: butter
La mermelada: Marmalade
El pan: Bread
El pavo: Turkey
El pollo: Chicken
El queso: cheese
Las salchichas: Sausages
El tomate: Tomato

46. RESPUESTAS
ANSWERS

PÁG. 62

1. Me gustaría un vaso de agua sin hielo.
2. Por favor, quisiera una botella de vino tinto y dos copas.
3. Tenemos papas fritas, papas cocinadas y papas al horno.
4. Por favor, podría traerme una cuchara para mi sopa.
5. ¿Usted tiene un pitillo/pajilla/sorbete para mi jugo de maracuyá?
6. Por favor, necesito un tenedor y un cuchillo para cortar el pollo asado.
7. Me encantaría una taza de café con leche y un postre.
8. Una servilleta por favor.

PÁG. 63: Ejercicio 1

1. Yo no sé por qué el tiene prisa.
2. Tú sabes que ellos están aquí.
3. ¿Él sabe patinar en el hielo?
4. No sabemos nada de navegación.
5. Ustedes saben que yo tengo sed.
6. Todos saben que está lloviendo. Todo el mundo sabe que está lloviendo.
7. Él sabe como hacerlo
8. Usted sabe preparar pescado.
9. Yo sé que siempre hace frío allá/allí.

PÁG. 63: Ejercicio 2

1. ¿Usted conoce a mi esposo?
2. Ellos conocen a la hermana de Ana muy bien.
3. ¿Ustedes conocen Perú?
4. Sí, nosotros conocemos Lima y Cuzco.
5. ¿Él conoce a Diego?
6. No, él no lo conoce.

PÁG. 64

1. Ese profesor siempre les dice cosas interesantes a sus estudiantes.
2. Muchas personas en Colombia desayunan mucho, almuerzan mucho y cenan poco.
3. En invierno hace frío y en verano hace calor.
4. Susana le da dinero a su hijo todos los días.
5. Él nunca cae en cuenta de lo que él dice.
6. ¿Tú siempre le cuentas un cuento a tu hija en la noche?
7. Normalmente ellos comienzan/empiezan a estudiar a principios de agosto.
8. Los adolescentes duermen más que los adultos.
9. Generalmente yo cuento con mi madre en momentos difíciles.
10. Ella no entiende porque su esposo no encuentra un trabajo.
11. ¿Qué hacen ustedes los fines de semana?
12. ¿Quién cierra la tienda?

PÁG. 65

1. ¿Qué quieren lograr ustedes este año? Nosotros queremos abrir una panadería.
2. Usted no puede llevar perros a ese hotel, es prohibido.
3. Mis abuelos ponen el pan en la nevera para mantenerlo fresco.
4. Pedro y Miguel juegan poker y apuestan algo de dinero.
5. Ellos nunca oyen el timbre de la puerta.
6. Mis hermanos prefieren viajar con una maleta pequeña.
7. Yo siempre pruebo la comida cuando estoy cocinando.
8. Mi vecino siempre pierde sus llaves.
9. Muchas personas no mienten, dicen la verdad.
10. Ella piensa mucho en su novio porque él está lejos.
11. En este restaurante yo siempre pido postre y tú pides café.
12. Yo voy al gimnasio y tú vas al teatro.

46. RESPUESTAS
ANSWERS

PÁG. 66

1. ¿Con qué frecuencia tú sales a cenar con tus amigos?
2. Yo a veces tengo razón y otras veces mi esposo tiene razón.
3. ¿Normalmente quién viene a visitarte los viernes? Mis tías vienen
4. ¿Tú ves películas de miedo por la noche? Qué miedo!
5. Tus padres vuelven a Miami todos los años.
6. Las mariposas vuelan durante el día.
7. Yo siempre traigo mi almuerzo a mi oficina
8. Los estudiantes siguen las instrucciones del profesor.
9. El abogado sale de la reunión a las 10 de la mañana.
10. Nosotros no sabemos donde está tu billetera ahora.
11. ¿Ustedes pueden hacerme un favor?
12. Yo sé que yo salgo de Bogotá a medio día y vuelvo a media noche.
13. ¿Tú recuerdas mi número de teléfono? Sí lo recuerdo, empieza/comienza con 305.

PÁG. 69: EJERCICIO 1

1. Cuando hace frío, yo me abrigo con mi abrigo.
2. Él se afeita la cara con una cuchilla de afeitar.
3. Ella se baña con agua, jabón y champú.
4. Nosotros nos secamos con una toalla.
5. Ellas se visten con vestidos rojos.
6. Las personas se cepillan los dientes con un cepillo y pasta dental.
7. ¿Ustedes se peinan con ese peine?
8. Tú te cobijas con esta cobija azul.
9. Juan se pone el vestido café para eventos especiales.

PÁG. 69: EJERCICIO 2

A: 10	G: 11
B: 7	H: 12
C: 4	I: 6
D: 2	J: 9
E: 5	K: 8
F: 3	L: 1

PÁG. 71-72

1. A tu papá le gusta la revista Aló de España.
2. ¿A ti no te gusta jugar cartas?
3. A mi esposo y a mi no nos gustan los mismos programas de televisión.
4. A mí no me gusta ir al cine.
5. A Pepe no le gusta hacer de compras.
6. A mí me gustan las rosas rojas.
7. A ti te gustan las frambuesas.
8. A la clase le gusta mucho escuchar canciones.
9. Señor López, ¿A usted le gustan estos libros?
10. A mi me gusta el café con leche.
11. A ti te gustan las películas románticas.
12. A mi padre no le gusta la música clásica.
13. A los niños les gusta esquiar en la nieve.
14. ¿A ustedes les gustan estos zapatos blancos?
15. A Jorge no le gusta ir al dentista.
16. A mis primos no les gustan las verduras.
17. A mi me gustan los perros.
18. A mis padres les gusta tomar té todos los días y todo el día.
19. A nosotros nos gusta viajar a Sur América.
20. A mi mejor amiga no le gusta montar en cicla.
21. A él no le gusta ese restaurante para nada.
22. A ellos les gusta mucho navegar en su barco.

46. RESPUESTAS
ANSWERS

PÁG. 77

1. Yo lo busco.
2. ¿Ustedes no los venden?
3. Sofía la abraza.
4. Jorge y Luis las miran
5. Nosotros la compramos.
6. Tú lo traes
7. Ella no los hace.
8. Ellas no la pueden preparar/Ellas no pueden prepararla.
9. Yo lo veo.
10. Martín la besa.
11. Tú los estás lavando/tú estás lavándolos
12. Mi abuela la quiere mucho.
13. Jaime y Cristian los cuidan.
14. Antonio lo está esperando/Antonio está esperándolo.
15. Yo no lo entiendo.
16. ¿Ustedes los alquilan?

ABECEDARIO
ALPHABET

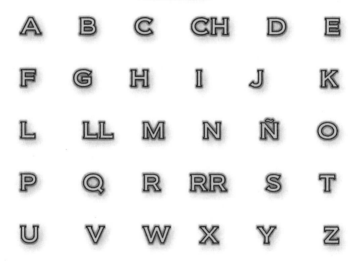

A B C CH D E
F G H I J K
L LL M N Ñ O
P Q R RR S T
U V W X Y Z